金塊文化

資深
婚姻諮商專家
林蕙瑛
博士◎著

牽伴不牽絆

幸福一生的30個關鍵策略

推薦序

最近從蕙瑛老師得到的新知：聯合國衛生組織對人生年齡層的新分類，〇至十七歲為未成年人，十八至六十五歲為青年人，六十六歲至七十九歲為中年人，八十至九十九歲為老年人，一〇〇歲以上為長壽老人；以這個新分類來看，我們都剛步入中年，在現今社會的自我觀感而言，還真貼切。

蕙瑛老師是兩性關係的諮商專家，我們一直認為社會上未成年人少不更事，青年人血氣方剛，感情不夠堅牢，中年之後種種身心衰退造就「怨偶天成」，這些都是蕙瑛老師數十年來在努力輔導的對象，老師不僅經驗豐富，而且著作等身，幾乎是年年出書，都是社會大眾愛讀的，影響深遠，令人欽佩。這本新書聚焦在台灣社會中年夫婦常見的相處及性事心結，但以前面提到的人生年齡層新分類來看，更為普遍，不管是青年人或中年人，遲早都會面臨這種常見的生活壓力，這也是層出不窮的社會問題發生之根源。

台灣社會在心理諮商的運用普遍性還是不夠，民眾只知道有病看醫生，但是心情不好，心理障礙又要如何找到協助資源？尤其在最難啟齒的婚姻和兩性關係，我們年年訓練養成了許多臨床心理師，有多少能提供這類問題的協助管道？值得探討。蕙瑛老師以往和我們幾位醫生合作一個心理諮商診所，我的病人們受惠良多，希望這樣的診所將來能在醫療中普遍化，醫生們應都樂見病人能解開婚姻和性問題的愁結，掃除家庭和生活的陰霾。

我本職的工作從醫生教授轉為天主教大學的校長，所以很多舊時的伙伴以為我不再適合談兩性的議題、事實上天主教會最提倡美滿圓融的婚姻家庭生活，我也一直以我所做的男性診療、研究和教育為傲；所以我很願意為蕙瑛老師的新書為序推薦。而且近年來蕙瑛老師春風得意，和夫婿Rob過著神仙伴侶的生活，更是本書「幸福一生的關鍵策略」的最好見證，每一位步入新分類的「中年」朋友們，希望大家從這本好書中學到婚姻美滿，人生幸福之道！

江漢聲

二〇一五年三月於輔仁大學

自序

經常被人問道，「妳做婚姻諮商多年，老是聽別人吐苦水倒垃圾，妳還快樂得起來嗎？妳對婚姻還存有希望嗎？」我總是笑著說，「感謝我的案主，讓我看到婚姻生活的多樣性，也因為他們信任我，我們才能一起化危機為轉機，處理婚姻人際關係與困難，而我也從案主身上學到很多，因此做婚姻諮商是我的專業，也是我的樂趣。」

不是我愛管人家的家務事，也不是婚姻諮商有多靈，而是案主或案主夫妻來諮商時通常是「人在情緒，身不由己」，充滿負面心情，不是埋怨、氣憤，就是傷心、難過，甚至憂鬱、絕望，不是責怪對方就是自己認命，但內心總會抱著一絲微弱的希望，期待婚姻困難能被處理，婚姻關係可以恢復。而婚姻諮商的目的就是希望伴侶/夫妻溫馨以待親密相處；受過婚姻諮商訓練的我，當然也樂於聽他們抒發情緒，幫助他們撥雲見天，陪同一起看待問題，尋找解決之道。

婚姻中的種種問題自古以來就存在，如婆媳、外遇、生育、財務和性不和諧等，但在今日社會中同一個問題還呈多樣性，例如妻子也外遇或夫妻都有外遇、性問題檯面化、男性不育比例增加、妻子遠庖廚、夫妻上班時間錯開等，不勝枚舉。而且當今男女遲婚、結婚率下降而離婚率提高，許多愛侶想結婚卻又怕離婚，但在父母的期待與社會的傳統壓力之下，還是走進婚姻，一邊享受愛情的甜美，一邊也擔心未知的前景。

內政部提倡婚前輔導多年，卻未落實執行，反倒是教會的協談系統重視婚前輔導，鼓勵愛侶前來接受輔導，認識婚姻，了解婚後可能遇到的難題，並檢視兩人對於組成家庭的合適性。種種心理準備也是為了強化共識，以期培養此後真誠溝通及化解衝突的能力。只是不論有無接受婚前輔導，伴侶們實在難以預測或是看見往後的人生會發生哪些困難，加上婚後家務、小孩等雜事繁多，感情雖有，熱情激情卻已在日常生活中逐漸降低，一旦碰上問題，如家中有人生病、失業、婆媳不和、孩子撒謊、性生活不和諧、外遇、財務週轉不靈等而感到壓力，往往有一方或雙方難以通過考驗，而成怨偶或離婚，不僅自己承受很大的壓力及怨恨，孩子也因而深受影響。

自序

本書就是根據我多年的諮商經驗，加上我在日常生活中對伴侶/夫妻們互動的觀察，自新婚期至中年期的婚姻生活中挑出最常見的婚姻危機，以故事描述點出問題，加以重點分析與說明，並引導解決之道。每一位讀者均有可能對號入座，但每一個故事的處理方法卻不見得適合每一個人，而是希望讀者能自別人的案例中看到與自己相似的核心問題，學習及練習溝通技巧，使得伴侶/夫妻可以商量如何培養化解衝突的能力，一起來面對與處理。

本書亦適合婚姻諮商師及婚家治療所的研究生閱讀，故事中的人物雖屬虛構，問題卻是常見且真實的，可增加助人專業者的案例經驗，學習評量抓出問題，看到正確的婚姻感情性愛觀及諮商輔導方向，不僅在專業方面能有所領悟，感情方面亦可有自我提升。

感謝張老師月刊編輯高惠琳幾年來的鼓勵與支持，金塊文化總編輯余素珠的大力編輯與出版，還有林淑華助理的經年協助與陪伴。很高興《牽伴不牽絆——幸福一生的30個關鍵策略》這本書誕生了，謹以此書獻給我去世十八年，今年冥誕一百歲的父親林衡道教授。

林蕙瑛
一〇四年二月一日於臺北

目錄

C·O·N·T·E·N·T·S

目錄

相愛容易相處難

1 一個心碎的起點

當夫妻成了怨偶，不一定要為了孩子硬綁在一起，但至少可以為孩子再多嘗試。

案例一

志文的耳際傳來美玉的吼叫：「為什麼我一下班就得回家照顧孩子，你卻可以用各種理由遲歸？累都累死了，晚上你還想碰我。哼，休想！」

志文憤怒回話：「又沒人惹妳，幹嘛這樣講我？」

自從娘家媽媽回南部後，美玉每天下班都必須接兩個孩子回家，餵飯、洗澡、陪玩、哄睡覺……，忙碌不堪。志文回家後雖然也會幫忙，但美玉早已習慣包辦大小事，所以他只能洗碗、清垃圾，偶爾陪小孩玩。

美玉常抱怨沒有自己的時間，但絕少怪罪志文。然而，近兩周因為志文常加班，很少在家，加上他竟偷偷去看了場電影，票根被美玉發現，她因此大發雷霆，甚至臆測志文交了女朋友。志文覺得美玉不可理喻，大吵一架後摔門而出。

手機響起，是媽媽打來的，問志文最近好不好，並表示下個月初要來看孫子，並在臺北小住幾天。

志文心裡一陣溫暖，回憶起以前媽媽是如何辛苦扶養四個孩子，在爸爸的大男人威勢下，全家都得聽他的，媽媽完全沒有自我。剎那間，他想起媽媽常說：「以後你要善待太太，孩子是兩個人的，要一起照顧，夫妻感情才會親。」

志文恍然大悟，立即回家向美玉道歉，並且發誓以後忙完公事一定回家一起照顧孩子。美玉雖接受道歉，但仍板著臉。另外，志文還弄了一張計劃書，關於夫妻在家務及照顧孩子的分工合作表，每人每周輪流兩至三個晚上帶小孩，另一個人可以外出放鬆一下。

丈夫的突然覺醒讓美玉有了笑容：「就試試看吧！」輪值的夜晚，美玉一邊開心地陪小孩，一邊認真地計劃未來「放風」的晚上要做什麼。起先她真的很快樂，非得外出把時間用完才甘心。可是兩個月之後，她往往出去一下就回家了，有時連出門也不想。而她也發現志文愈來愈不在外面閒蕩。夫妻倆有了共識：輪班照顧孩子是好主意，不過沒當班時也不一定就要外出，還是可以待在家裡幫忙值班的人。

案例二

紹林的工作必須早出晚歸，只有週末才能陪小孩。家瑩怕丈夫夜歸會吵醒孩子，要求他平日睡書房，卻也因此孩子黏媽媽黏得很緊。有時，紹林早回家，主動陪孩子玩或一起看卡通，可是當孩子睏了想睡覺，還是會吵著要找媽媽。

由於家瑩曾經流產過，因此特別在乎孩子，一切以孩子為重，話題總是圍繞著小孩，久了讓紹林看不過去。他認為，小孩都四歲了，應該開始訓練獨立自主，也要開始教導生活禮節，可是家瑩卻總是帶著孩子看沒營養的連續劇、餵他吃垃圾食物。對於紹林的好言相勸，家瑩的回應是：「那你自己來帶啊！」

也因為家瑩把時間及精力全都投注在孩子身上，以致於用過的碗盤沒清洗、堆積一堆待洗的衣物、灰塵滿地……，都令紹林無法忍受。因此，他一回家就是洗衣、打掃、倒垃圾……，搞得滿肚子怨氣，但為了孩子也就認了。家瑩的說法則是：「我照顧孩子、你負責家事，天經地義！」

就這樣，兩人生活在同一個屋簷下，卻是各過各的。直到孩子六歲時，家瑩表示要離婚，要帶孩子回娘家。對此，長輩們大為緊張，為孩子的未來感到擔心。至於紹林，則痛恨家瑩的自私與絕情，他只要求每周末讓他帶孩子回家團聚，便黯然簽字離婚。

分工合作，共享天倫樂

究竟是夫妻感情影響到小孩，還是有小孩之後影響到夫妻的感情呢？兩者都有可能。很多現代夫妻過的是雙薪生活，白天雖然可以把孩子託給保母或托兒所，晚上卻得自己帶，且學齡前的孩子調皮搗蛋，也開始認識這世界，父母更需要以愛心與耐心陪伴，可說費時費心且費力。另外，六歲以前是人格形成的關鍵時期，家庭教育與親子關係都會有重大影響，夫妻絕對要小心，別讓彼此的衝突與不和影響到年幼的孩子。

案例一的志文夫婦原本感情不錯，只是孩子漸長，家務增多，讓美玉精疲力竭。志文並非無心照顧孩子，而是不懂得表達且做得不夠，尤其他因晚歸或自己去看電影，因自覺勞役不均讓美玉氣憤難平，以及他逃避家庭責任、隱瞞娛樂之實。這些，非因孩子而起，是夫妻之間溝通與互動的問題。

好在志文瞬間轉念，母親一通及時電話有如天助，既是安慰也是喚醒。「啊，自己怎麼能忘了母親養育四個孩子的辛苦，讓妻子重蹈母親的覆轍，何況只有兩個孩子，兩個大人一起帶，應該不難！」他道歉之後，並用心擬訂分工計劃，自然軟化了美玉的心。

兩人都不喜歡被綁在家中，一旦放出去，起先必然很享受，但慢慢地，心有牽掛，覺得家還是最舒服自在的地方。所以，除了偶爾出去，兩人也學會了如何在家自處及彼此互助分勞。雙方的共識及用心，提升了夫妻感情並享受真正的家庭之樂。

疏於溝通，婚姻殺手

案例二中的紹林夫婦，面對孩子的出生絕對歡欣，只是因為男主外女主內，小孩自然黏著媽媽，加上孩子與媽媽每天一起看電視、玩耍，當然也會被媽媽的思維及說話語氣所影響。紹林察覺時雖然有點晚了，但四歲小孩的可塑性高，夫妻如果能夠好好討論、教育，家瑩若願意接受丈夫的建議，紹林也肯多花些時間陪伴，相信孩子會有個健康正常的童年。

只可惜夫妻間疏於溝通，也因為孩子的誕生與成長而衍生出各自的個性及價值觀。他們不是沒有察覺，只是當下認為以孩子為重，就擱置這些問題，或是抱持鴕鳥心態，以為等孩子長大就會沒事。

個性不合、價值觀不同，都會造成夫妻關係疏離，也會因為孩子的誕生而加速惡化，最後形同陌路。他們往往會借孩子來指責對方，卻不知此時的婚姻關係正處於逆水行舟，不進則退。如果沒有正視、解決，等孩子長大後，沒有了共同目標，夫妻間還能靠什麼維繫？

家瑩去意已決，紹林也不想挽留，雙方既沒有去做婚姻諮商，也不願意給彼此機會，就這樣，一個家庭就此瓦解，也犧牲了孩子的童年。

當夫妻成了怨偶，不一定要為孩子硬綁在一起，但至少可以為孩子再多嘗試，如果真的無法在一起，離婚也要有共識；好聚好散，如此才能將傷害降到最低。

2 台商妻子的擔心

丈夫覺得不需要溝通，太太則不敢也不會溝通，使得性愛議題成為婚姻中既黑暗又神秘的一部分。

心情故事

在一個情緒支持的自助互助團體中，一群已婚中年婦女正在訴說自己的婚姻狀況，並聽取其他成員的回饋，原來自稱夫妻感情良好的王太太突然爆料：

「這十年來他很常赴大陸出差，一去就是一兩個月，我很擔心他包二奶。第一年時經常焦躁不安，疑神疑鬼，東套西問，他總說我是他的最愛，家庭是他的全部，而且他在台灣時真的對我很好，我們會一起出去與朋友或客戶應酬，或單獨在餐廳晚餐，有時週末全家出遊，至於性生活，雖是每週一次，卻是盡興盡

歡，所以我就選擇相信他，只要他人在台灣，我真的是個快樂的妻子。」

「只是經常聽到他周遭的朋友，不論是老闆級的或是經理級的，在大陸都一一淪陷，他們的老婆個個都咬牙切齒，痛恨二奶，對丈夫又愛又恨，追查行蹤，且經常突擊檢查，結果不是鬧離婚就是因孩子而屈居婚姻中的老二，整天以淚洗面，抬不起頭來。當我先生不在台灣時，我其實很害怕，曾想過帶孩子去上海定居，他大力反對，認為孩子應在台灣接受正統教育，所以我只能寒暑假去相聚。」

「孩子們當然是很開心，我也帶著度假的歡欣，小別勝新婚的感覺在上海遠比他回台北來得強烈，我試著挑逗先生好幾次，他總推說工作累，性愛還是維持每週一次的頻率。老實說，我真的搞不清楚他到底有沒有外遇，經常胡思亂想窮擔心，但為了不想變成憂鬱症或神經病，我還是一如既往盡情享受每週一次的性愛，否則我不是什麼都沒有了？」

「我在想，我人在上海時間雖短，他當然不敢亂來，但我人在台灣時就很難說了。左思右想我想出了一個辦法，每次幫他整理行李去上海時，我就放一盒保險套。第一次放進去時，感覺忐忑不安，不知他會如何反應，他當然是到了上海打開行李箱時才會發現，卻是沒有任何回應，回台北後也從未提過，而那盒保險套也行蹤不明。我認為這是我倆的默契，所以這樣做已經有五年的時間了。」

「說實在的，這樣做，我反而心安了，不管他有沒有做，至少他有接收到我的訊息——不可亂來，不可在外生子，不可以得傳染病。憑他對我的愛，他必會遵守的，而且我覺得他會尊重我，所以沒有把沒用過或剩下的保險套帶回來。說也奇怪，此後我就不再擔心，反而過得自在了。這件事我從未向人提起，直到上個月小姑來住我家，發現我買保險套，我才向她說明一切，沒想到居然被她臭罵一頓，說我是鴕鳥，鼓勵丈夫有外遇，哪有這麼笨的女人。我問她是不是知道她大哥有外遇，她說不關她的事，這種事要妻子自己去發現，所以我開始懷疑自己的做法，也一直心神不寧，想請教大家對這事的看法。」

問題呈現

「我也覺得妳在鼓勵丈夫外遇，哪有妻子幫丈夫買好保險套的，他若要偷

吃，當然得自己去買，對自己的行為負責，不得危害家人。」

「是啊，要偷吃就要把嘴擦乾淨，哪來什麼默契啊！」

「我先生也是台商，他一飛出去，我就當丈夫沒了。他回到台北，我體諒他工作辛苦，有沒有性生活其實不重要，婚姻與家庭的維持才是我在乎的。」

「我覺得妳太寵妳先生了，妳到底在怕些什麼？大不了離婚嘛，他若不忠心，妳守著他幹嘛？」

「我倒覺得妳的主意不錯，彼此心照不宣卻可以讓潛規則運作，涇渭分明，他不敢太過份，妳的婚姻與家庭也可以保住。」

團體成員妳一言我一語地說著，王太太的臉色從平靜到窘迫，又帶出驚慌的眼神，有點招架不住的樣子。團體領導者，亦即婚姻諮商師，立刻介入：

「王太太很勇敢，在大家面前將多年來婚姻問題的困惑娓娓道來，尤其是自己的心路歷程，如此詳細的描述，不吝嗇的分享，一則是抒發，二則是需要大家的支持與回饋。而每位成員都很用心聆聽，也急著給意見，都是為王太太好，只是每個人對婚姻及人生有不同的價值觀，都透過言語表達出來，王太太一時也無法接受這種衝擊，我們得讓她慢慢接受。其實這是很好的現象，因妳從未與人討論過，一直都陷在自己狹窄的思考中，不同的回饋可以刺激妳的思考，激發新的想法。到目前為止，大家的表現都很不錯。」

分析與輔導

身為台商妻，多少會有這方面的困擾，主要是台商人在異鄉，工作之餘未能享受家庭溫暖，且彼岸的聲色場所多，不管是應酬或放鬆身心，性的誘惑極大，台商淪陷家庭生變的例子比比皆是，王太太聽多了，免不了心驚膽跳，但都放在心裡，表面上一點都看不出來，連丈夫也不知曉。

王先生是公司主管，工作忙碌，對妻子兒女也很好，台北的家有太太照顧，他很放心，回家就是享受夫妻愛與天倫樂，只要一切順利，他並沒有想太多，也沒擔心什麼。至於他到底是包二奶，還是逢場作戲，或者守身如玉，只有他自己知道，至少他不認為這部分會危害到婚姻與家庭。夫妻兩人其實是各有想法，因此表面美滿的婚姻還是有暗流存在的。

不忠行為是信任瓦解的開端，也是婚姻殺手，王太太其實很擔心卻從不表達，什麼都放在心裡，久了，負面情緒開始醞釀，焦慮、懷疑導致恐懼。她從未問過自己是否能接受丈夫與其他女性的關係，只是一味讓自己陷入災難性的想法，害怕丈夫有外遇會導致婚姻解組家庭破碎，由於太害怕了，以致於她一方面假設丈夫有外遇，強迫自己接受此一事實，一方面又不願去面對，不斷地告訴自己丈夫愛她惜家，當兩人相聚時，她很享受每週一次的性愛。

人們常透過儀式化的行為來讓自己安心，王太太自己去購買保險套，放進先生的行李箱，行之已有五年，就是一種儀式化的表現。一方面表示接受丈夫在外的性行為，只要不危及婚姻與家庭，另一方面則思考若是由她主導，她才能有控制權及安全感，即使丈夫真的包二奶或逢場作戲，他並未背叛她，而是經過她默許的，且丈夫有做防範措施，是尊重她及保護家庭的表現。

王太太藉儀式化的行為來維持心理的平衡，也因此而調整心態，與丈夫和樂相處，與自己和平共存，但心理平衡作用是一種防衛機轉，畢竟是暫時的，真正的問題存在於夫妻間性愛這個議題毫無溝通，丈夫可能覺得不需要溝通，太太卻不敢也不會溝通，性愛問題成為婚姻中既黑暗又神祕的一部分。

顯然王先生不見得會長久待在大陸，但夫妻關係是長久的，雙方應坦誠面對婚姻及家庭中的每一件事，一起來努力，讓婚姻好上加好。解鈴還需繫鈴人，如果王太太不率先解開自己心裡的結，她將永遠帶著一份遺憾。若不是因為小姑的一番話，讓她的防衛心理瀕臨瓦解，才會來參加情緒支持團體，而這是一個很好的時機，可以幫助他們重新整治夫妻關係。

夫妻應盡量在相聚時獨處，說說心裡的話及想念之情，並互相有些調情或親密的小動作。做愛的頻率本不重要，親密感才是愛情的連結。只是王太太的性需求因在上海時有度假的心情而升高，卻遭受丈夫推辭，生理不滿足，心中起懷疑。王太太不妨在日常聊天中表達對先生太勞累的擔心，以及自己對他身心的想念及慾望。當先生接收到訊息，他心裡可以有準備，早點下班或養精蓄銳，而不是等到晚上才示意或要求，令先生措手不及，因為他的習慣是每週一次。

王太太當然可以用說理的方式，而非採批判的口氣，來說出身邊聽到或發生的台商故事，表達自己的擔心。丈夫是聰明人，當然知道她指的是什麼，丈夫若感受到太太的愛心及擔心，即使他曾有過不忠的行為，他也會知道要收斂的。至於他以前做過什麼，太太不需要去追問，兩人最重要的是同心往前看。

解開心結

性溝通是王太太婚姻中的當務之急，以保險套為話題，找機會向先生坦承自己的心理障礙與自欺行為，經過心理諮商後，她願意面對婚姻關係中的挑戰，所以以後不會再違反意志去買保險套。不論以前發生過什麼事，要玩也玩夠了，從今開始，她只要求丈夫坦誠而忠實，而她自己也願意多與先生談論自己的想法及感覺，尤其在性愛這一件事上。

王先生非常驚訝太太的改變，思想及行為方面好像變成另一個人，夫妻間的互動關係變得有生氣，他不由得對妻子另眼看待，不敢理所當然凡事都與太太商談，在性方面也接受了太太的挑逗，情趣提升，最可喜的是，夫妻身心重新獲得美好的連結。

3 我們的婚姻有救嗎？

當意見相左時，要放慢腳步，聆聽彼此。

育明與滇紅教育孩子的方式完全不同，他雖寬容但也僵化與嚴格，而她則寵愛孩子，不講究紀律。他們為此已爭吵過很多次，以致現在婚姻亮起了紅燈。

滇紅這麼說

我知道育明很疼孩子，然而一開始我們對教養孩子的方式就沒有共識，比如當佳典剛學走路時，他會跌倒或撞到頭，當然是哭著要我抱，我就急著伸手去扶他抱他，但育明會笑著拍手叫好，喊道「摔得好！」，然後他會立刻介入我們中間，從我身上抱走孩子，將他高舉至頭上。他認為哭是好事，可以讓孩子堅強，但我完全不贊同。那麼小的孩子非常需要父母的愛與支持啊！

小孩越長大情況就變得越糟。最近六歲的春玲因事哭鬧且尖叫，把玩具用力摔在地板上。我低下頭注視她，輕聲細語地安撫她，而育明居然自書房衝出來，一個箭步將她壓在地上，兩手按著她的肩膀。我大叫不可以這樣，要他馬上停止，以免傷害孩子，育明居然提高嗓門叫我別插手，我真的嚇呆了。

育明這麼說

首先我要說的是，春玲根本就沒事，那樣的壓制是要讓她冷靜下來。如果我一開始就不阻止，以後春玲每次不能如願時就會大鬧一場，每當不想洗澡或不肯上床睡覺時她就使用這一招。我不認為每件事都得與滇紅協商，小孩子有時候需要被教導怎麼做，而且這種事太常發生了。

滇紅總是不顧我的教養方式，我行我素，她認為她的做法是「尊重」孩子的需求。譬如小孩早上上學快遲到了，我會對佳典及春玲說，「這是第三次囉，趕快把鞋穿上。」如果五分鐘後他們仍未穿好鞋子，我會大聲再命令一次，滇紅就說，「別對孩子嚷嚷了，他們內心會受創傷的。」而我試著解釋，她就馬上進入受害者的模式，指控我在傷害她的心靈。然後佳典及春玲就會說：「不要罵媽媽！」，她就這樣把我變成可怕的怪獸，僅因為我要讓孩子準時出門。

他們的爭執

滇紅：我承認早上出門來不及是我的問題，但我也相信那些是偶發行為，且不需要如此墨守成規。孩子們日常生活中的步調本來就與成人不同，他們正在探索這個世界，眼前有如此多的新鮮事發生，如果老是催促他們這個快點那個快點，就是沒有給他們機會自己來探索體驗。我盡量避免與他衝突，但育明卻喜歡挑戰。他好大聲、身體僵直地踱步並握拳直下，我感覺這是一個對孩子充滿敵意的環境。

育明：我就是這麼講話的，我的家人也是這麼說話的，我們全家都說話大聲又富熱情。當我叫嚷並不表示我要傷害誰，只是我的聲音大些，只有滇紅會被嚇著，因為她並不習慣，她成長於父母是雅痞的放任家庭。重點在於我們的行為並未讓孩子感到恐懼，當然他們不樂見媽媽不高興，只是當我對他們拉高嗓門，並沒有把他們嚇到。滇紅自己也承認如此，我曾問過她孩子是否怕我，她坦承他們不怕。

每當我單獨與孩子相處，凡事順利極了。上星期六下午滇紅去做臉、洗頭，我帶孩子們去騎單車。我們玩得好開心，沒人鬧脾氣且笑聲不斷。晚間滇紅回來，孩子已洗完澡，她就趕他們上床，孩子卻叫肚子餓。我告訴她兩小時前我們在餐廳才吃過，趕快讓他們睡覺吧，她卻堅持去廚房弄點心給他們吃。

滇紅：隨便你怎麼說，我就是不會讓孩子們餓著肚子上床。

育明：這就是我要表達的，不管孩子要什麼，她都給，真的很讓我生氣，那天晚上我們大吵了一架。

滇紅：我很厭煩整天爭吵。育明深信我認為他做的每一件事情都是錯的，上週我要求他幫忙弄孩子的早餐，他反問，「妳為什麼不來幫我？」，意指我在怪他沒幫忙，但我根本不是那個意思。現在我無論說什麼，他都會向我爆發。當我們沒有爭吵時就迴避對方，我們甚至已沒有眼神的接觸。我們也沒睡在同一張床上，他早就睡在書房裡了。

育明：我們經常向對方衝口說出「離婚」、「分手」的字眼。我們都同意來找婚姻諮商師，因為真的沒辦法繼續這個婚姻了。

滇紅：我很想要婚姻好，真的想，但有時候我也會想，我們這樣待在婚姻裡是不是對孩子更糟？

諮商師這麼說

當我剛開始與案主夫婦晤談時，他們每天爭吵。倆人都知曉各人有不同的教養方式，但雙方都沒有發現，實際上他們的每一個歧見在某些方面都跟孩子有關。他們的爭吵範圍其實滿大的，自價值觀、道德觀至溝通風格及紀律策略等。

滇紅溫暖而難捉摸，是那種會因在人行道上看到蜈蚣而與孩子在去便利商店途中停下來的那種媽媽，而育明則是在乎要把事情做完做好。他講究規則與次序，如果本來是要去便利商店買東西，他就會直接去，不會在路上停留。滇紅是比較隨機型的，隨時留意孩子的需要，甚至調整規則；育明則是較任務取向，且重視一致性。個人風格其實無所謂對錯，每個人都會不一樣。

這對夫妻處理他們問題的方式是各人做各人的，但又要爭輸贏。基本上他們是輪流在做教養工作，而不是同心協力一起做。全家人從未長時間一起出遊或度假，不是滇紅在家帶小孩、育明外出，就是相反情況。這是他們不起爭執的唯一方法。他倆都認為自己是對的，所以不想去聆聽對方。在對方還未把話講完前，一方已在腦中形成抗辯。所以就爭來爭去，想要壓制對方、贏過對方，而不是去解決事情。

他們沒有試圖去懂對方的心思，事情就變得更糟。滇紅闡釋育明強調小孩的紀律是生氣及敵意，雖然他從未有打妻子或傷害她的舉動，她卻害怕他對孩子們的「暴力爆發」；而育明闡釋妻子隨遇而安隨興而起的教養方法是過度的放縱與懦弱。

他們問我是否該分居，我提出兩個方法請他們思考，其一是育明搬回主臥室，然後兩人一起努力挽救婚姻；其二是育明搬出去自己住，彼此冷靜。育明選擇了搬去與離婚的姊姊同住，有好一陣子，案主夫妻銷聲匿跡。

三個月後他們又回來了，表明希望婚姻能運作。想歸想，一旦談到正題，又開始情緒高漲、指責對方，又吵又哭的，但這回他們真的願意努力嘗試來挽救婚姻。

我要他們最先去做的幾件事之一就是吵架時要暫停。我給了一個比喻，就是在一鍋滾燙的水中煮麵條，放太多就會滿溢出來，停止它的唯一方法就是關火。夫妻倆若衝動想吵架，必須有一個人離開現場，讓雙方各自冷靜下來。

下一步我讓他倆放慢腳步，聆聽彼此。不需爭論，而是反思性的傾聽，亦即每一方都需重複自己聽到對方的所言，直到對方感到他/她有被瞭解到。滇紅較育明能做到這點，前者傾向於過度溝通，而後者卻拙於表達自己。因此我讓育明寫下他的感覺，然後念給滇紅聽。起先她很震驚，後來她感動了，因為她終於逐漸瞭解育明為何會這樣。滇紅能自不同的角度來看育明是很重要的。

舉例而言，當育明訓練春玲守紀律時，滇紅真的擔心女兒會因被嚇到而一生有陰影，但是在我們的晤談中，她才發現原來她是從自己的觀點來看此事。她成長的家庭視育明教育小孩的行為是有威脅性的，但春玲是隨著育明這個父親長大的。小孩學習父母的風格是很快的，對於春玲，爸爸這樣做她其實是可以接受的。

來來回回做了十幾次諮商，案主夫妻的婚姻終於回到軌道。育明搬回家住，而且在紀律方面鬆綁許多。他現在居然說出這樣的話，「我學到應該更有耐心，我也注意到叫嚷並不見得多有效。」現在滇紅更加瞭解丈夫僵化的教養方式，她不再像以前那樣老愛在孩子面前挑戰他，但他們最成功的是，夫妻倆願意盡量使全家在一起做一些有趣好玩的事。

「今年夏天我們打算開車環島旅行。幾年前我們絕不會想要這麼做，然而現在我們有信心可以開心地相處，而不是吵架。」從滇紅說話的口氣就可以知道，當初案主夫妻帶來諮商室的「心靈柏林圍牆」，現在已被拆除，蕩然無存了！

這是一個成功的婚姻諮商案例！

4 往日甜蜜，只能追憶？

親密關係不是一天造成的，是從每天的點點滴滴、用心經營累積而成的。

雲美帶著女兒與女兒的男友在知名火鍋店門口排隊等待，她要求女兒陪她到附近商店逛逛，讓男友一人排隊即可。女兒嘴巴說好，才走進第一家店，就語帶央求地說：「媽，我回去陪他排隊好嗎？」雲美能說什麼？女大不中留啊！

母親節那天，秀秀的兒子與未婚妻提議全家外出用餐，然後逛精品店買東西送媽媽。秀秀好高興。全家享用完大餐，丈夫說要去打牌先離開，兒子陪她逛了兩家皮包店，未婚妻卻從另一樓層猛發訊息，要兒子去幫她出主意。兒子帶著歉意說：「媽，您先看，有中意的再打電話給我，我們來付錢。我先去看看淑麗要買的衣服！」秀秀能說什麼？男大不中留啊！

你濃我濃如膠似漆

雲美和秀秀某次喝下午茶時不約而同訴說自己的經驗，語氣中充滿無奈，卻也呈現各自的孤寂感。

「現在的年輕人真是不一樣了，既然跟長輩吃飯，當然要以長輩為主，一個人排上二、三十分鐘會怎樣，男女朋友怎會連一分鐘都分不開啊！」

「這個我是看得很開，可是要買東西送我，也是兒子自己說的，結果卻去陪未婚妻挑東西，讓我一個人逛。」

「不過，話說回來，我們年輕時也一樣，每分鐘都想和對方在一起，明明才剛分手，回到家又好想念對方，總有說不完的話，對爸媽視若無睹。」

「唉！我只是想不透，當年兩人每天有說不完的話，現在每天講的都是吃飯、洗澡、睡覺及孩子們的事，好像沒有其他的事可以聊了。」

「是啊，也不知道從什麼時候開始，我老公下班回來就是看電視、講電話、開電腦工作。而我下班回家做飯、整理家務，看一下連續劇就累趴了。有時候他比我早上床，有時候他何時上床我都不知道，只有周末全家聚餐或出遊才有交集。」

「我家也是，各自要做的事情太多了，好像永遠做不完，哪有時間聊天，而且也不知要聊些什麼。有人說，這就是生活，唉，我倒希望回到剛結婚那段時間，年紀輕、收入少，但煩惱也少，兩人好快樂啊！」

就這樣，妳一言，我一句，兩人道出婚姻的苦悶。

你冷我冷形同陌路

其實，她們的婚姻已潛伏著危機，呈現的症狀是夫妻之間少溝通或無溝通，也有可能是溝通不良，造成夫妻感情疏離，表面上雖然一切如常，兩人有互動、家庭運作正常，但就如同有了小破洞的襪子，若未能及時縫補，愈穿破洞愈大，最後襪子就不能穿，得丟掉了。

的確，生命的每一個階段都有它獨特的生活特徵。戀愛期的男女就是互相吸引，專注在對方身上到了忘他的境界，彼此難捨難分，也為了天天在一起才興起結婚的念頭。

戀愛是人生某階段的重要事，結婚則是一輩子的事，夫妻均要扛起許多的責任，諸如工作、理財、生養孩子、與姻親互動，加上原本單身生活的既有事務，事情逐漸變多，專注在彼此身上的時間便逐漸被占據，即使面對面，說的也都是家庭瑣事或別人的事，再也不是談情說愛、卿卿我我。慢慢地，戀愛的感覺不見了，取而代之的不是平實溫馨的關懷情，就是冷淡疏離。通常有一半的夫妻屬於後者，長年忍受婚姻中的悶與苦。

女性的直覺較敏銳也較情緒導向，總覺得每天都在跟丈夫講話，對方卻老是給相同的回應，好像一天到晚都在忙，很少坐下來好好聊，免不了埋怨先生不體貼不關心。而先生聽著太太每天的例行報告，覺得她嘮叨、沒創意，自己又忙又累，也沒心思計較，於是乾脆以不回應或簡短話語應付。這種態度更令太太覺得丈夫不愛她，事業第一，自己第二，孩子第三，太太擺最後，於是說出來的話不是抱怨就是翻舊帳。這種情況下，丈夫覺得知己不見了，為求耳根清靜，在外逗留的時間加長，外遇的風險也就提高。

婚姻空窗期，更需要用心溝通和經營

婚姻產生溝通不良或是無溝通，夫妻兩人都有責任。任何一方直覺到彼此之間的對話只有事物，缺乏情意，就得用心修補缺口，千萬不要推卸責任，「為何是我要對他/她好，他/她就不能先向我示好？」總要有一方先起頭，自我覺察、自我反省，才能帶領另一方覺醒。兩人若能回頭看看當年是如何熾熱地戀愛，多少能自回憶中找回一些激情。

夫妻得運用智慧創造溝通的情境，例如妻子可利用午餐時間邀請丈夫吃簡餐，或者丈夫於周末約太太至餐館用餐。各自刻意打扮赴約，聊一些輕鬆事，當雙方的身體靠近，心靈也就會逐漸相近了。

另外，夫妻偶爾可以相約看晚場電影，排隊買票看看人群，居家以外的許多情境都可以引發不同的話題，藉以瞭解彼此的想法，回家後跟孩子也能有話聊。

生活再忙，每天也要撥出十五至三十分鐘給自己及對方，像是晚飯後，事情都做完，小孩也已上床，兩人可以依偎在沙發看電視，喝點酒、聊聊天，甚至說些情話。

夫妻並非每天都要做愛，但睡前的枕邊細語很重要，各自聊聊當天在外的情況、聊聊孩子們的事、說說心裡話、表達愛意。最後一項尤其不可缺，抱抱彼此、親吻臉頰，親熱小動作不可少。

親密關係不是一天造成的，是從每天的點點滴滴、用心經營累積而成的，當生理及心理上都有了親密的感受，才是真正良好的親密關係。

在婚姻解組的十大導因中，「彼此無溝通或溝通不良」排名第二，居首位的是「個性不合，彼此已無愛情」。這是有道理的，因為夫妻之間沒有愛的感覺，就不會想要生活在一起。

深情，就是眼中有你、話中有你、心中有你

夫妻長時間生活在一起，接觸面既廣且深，可以聊的話題自然也多，千萬不要忽視生活小事，因為生活就是由許多瑣碎小事組成的，就連社會議題、國家大事，都可以分享意見，但是記得要互相尊重，不要過度堅持自己的立場，或是強迫對方順應自己。

曾經有一本佛教雜誌，提到十大夫妻相處之道，摘錄如下：

1.夫妻首以和為貴。

2.盡可能互相「甜」「蜜」。

3.親而不狎，樂而不亂。

4.力求行動一致。

5.夫對妻子盡其本分，妻亦然。

6.互相尊重對方言行。

7.相互之間不要嘮叨、不要偏執。

8.相互之間不要覺得討厭對方。

9.認真看待對方的長處，引以為榮並常加稱讚。

10.相互之間常保持年輕心態。

這些都是再平常不過的道理，聽起來很傳統，卻意義深遠也很實用，但施行效果如何？端看夫妻如何運用。願天下有情眷屬共勉之。

5 當丈夫變成魔鬼

男女在婚姻中若能卸下傳統的大男人小女人角色，互相尊重，彼此溝通，我們的下一代才有模範可循，成為真正的新好男人與新好女人。

現代女性受高等教育者眾，頂著碩士博士頭銜者不少，因此雙生涯家庭是普遍現象，但有許多女性自願或應丈夫要求，退出職場照顧年幼的孩子。但在家裡其實比上班更忙，因為自己如果不能拿捏好時間及事情的順序，生活就會被孩子控制、被時間追著跑，更糟糕的是，自己沒有收入，變成伸手族，很容易引發婚姻問題。

案例一

張妻原本經高考分發進入公家機構服務五年，婚後三年才懷孕，她與先生都認為應該自己帶小孩，既能培養親情又讓孩子能有好教養，於是毅然辭去大家夢寐以求的鐵飯碗，心想，「反正有碩士學位，以後再出來找工作應該不難」，因此走進家庭當全職家庭主婦，且兩年後又生了老二，她才體會到一個人帶兩個小孩的繁瑣與辛苦，但看著孩子那麼可愛，且日漸長大，她很欣慰與滿足。

只是近一年來，張君的生意因生產成本提高及匯率變動，幾乎是沒賺錢，他經常為了開會討論及調頭寸而忙得焦頭爛額，心情也差，週末時寧可在家睡覺，不再帶全家大小去公園或近郊走走，也變得少與妻子聊天談心了。

再來就是開始埋怨妻小，說一家子的開銷拖累他，又說家裡只有一份收入是不夠的。張妻既難過又惶恐，當初說好暫別職場五、六年，等小孩進小學再去找工作，現在小孩這麼小，怎能丟下他們出去求職，何況請保母也是大開銷？丈夫口氣越來越不好，帶有輕視、不滿及不耐煩。在不得已的情況下，她建議將孩子送去南部娘家住，然後自己出去工作，丈夫居然罵她沒用，公務員那點薪水能做什麼，還說「妳只要把孩子顧好就行！」。

夫妻關係越來越緊張，張妻生活在水深火熱中，想勸丈夫不要遷怒於她，又怕引發口水戰，每天被他唸不回嘴又覺得是精神虐待，痛苦極了。有一天突然萌生去意，想帶兩個孩子離開婚姻，雖然困難重重，總會有路可走的，因此她走進婚姻諮商中心尋求協助。

案例二

當年母親見王君忠厚老實，乃將女兒下嫁，王妻婚前就每天一早搭交通車至新竹科學園區上班，婚後亦如此，五點五十分準時回到台北家煮晚飯做家事。丈夫是傳統男人，很少分享他在公家單位上班或在外應酬的事，在家裡倒是可以相處，夫妻相敬如賓，王妻以為這樣就是幸福，時間一晃二十五年過去，孩子也長大了。

但有一件事她一直很納悶，剛結婚時母親要她將存摺交給丈夫，她乖乖聽命了，此後再也沒看過那本存摺，公司的薪水及年終獎金全都匯進那個戶頭，有時問他，他就說出一些數目。既是自己的丈夫，看他平常沒亂花錢，在家表現也還可以，所以就不疑有他。

二十五年後王妻退休了，退休金也是進入那個帳戶，王妻一再要求丈夫將存摺及印章交還，他總是推三阻四，最後王妻自己去郵局以新印鑑重新申請一本存摺，找出過去的記錄，才發現丈夫用她的收入去投資股票、去買好幾個保險，且是以他自己為受益人，退休金也不見了。這下夫妻當然翻臉了，王妻開始搜查丈夫在家的所有東西，也找出一些過去的帳單，再加上朋友幫忙查證，原來他是個外遇大王，專門找有夫之婦偷情。

過去總以為自己的婚姻是生活平淡或男人在外有自己的天地，現在回想起來，原來全是欺騙，王君雖不花天酒地也不賭博，但他性好漁色，常帶著已婚女性外出遊玩、餽贈禮物。最糟的是他暗自侵占太太的錢財，擅自運用及購買保險。當不忠與侵佔財務加在一起時，信任感與愛情全消失了，丈夫變成了魔鬼。

王妻立刻與之分居，但兩個孩子肯求媽媽不要離婚，只是事發已一年多，王妻一想到王君的嘴臉就滿心憤怒，她還是想離婚，人生最後的三十年總要為自己活吧，因此她去了婚姻諮商診所求助。

社會上男女平等很被重視，但家庭中男女平等仍有很大的進步空間

兩個案例的女主角均為知識份子、賢妻良母，對家庭的貢獻極大，卻不約而同地走向離婚之路，看起來是金錢問題，或是遇人不淑，當然兩者都有，但兩者只是導火線，真正的問題還是在於夫妻的互動關係。這兩個丈夫有個共同點，就是都為自己著想，把自己擺在第一位，家庭擺第二位，妻子擺最後，而張君脾氣不好，王君則是兩面人，兩個妻子就是太乖太好了，才會被兩位先生吃定。

案例一的夫妻關係其實可以不必如此緊張，張君的焦慮及緊張無處發洩，的確會遷怒妻小。張妻因為不諳心理學，不懂得如何破除丈夫的「轉移作用」，為了息事寧人，她寧可閉嘴任他發洩，短時間可以維持「西線無戰事」，但長期下來，張妻的應對讓丈夫覺得是「被動的侵略性」，兩人逐漸形成冷戰。結果就是，在孩子面前夫妻會因與孩子互動而說話，在臥房裡則因沒

話講而疏離，而張君經常的言語埋怨，聽在妻子耳裡就是精神虐待了。

生意有困境，張君不可責怪或埋怨家人，他可以說出來，聽聽張妻的意見，她其實可以在家裡做很多事，幫他想人脈，協助業務連絡，或讓丈夫將報表帶回來給她作帳，最重要的是當他的精神支持，讓他有個人可以商量或傾吐。張妻不一定是學商的，但她可以土法煉鋼，在丈夫帶領之下學習了解。

當然張妻也可以學習同理，瞭解丈夫重擔壓心的感覺，體諒他口氣惡劣，他必然是有口無心，不然他不會很無奈地說「只要把孩子照顧好就行！」，如果張妻堅強一點，穿上心理防彈衣，抵禦丈夫一個字一個字的輕視與不滿，而向他伸出精神援手，將丈夫視作弱者，而自己可以成為強者。倘若張妻牢記丈夫所有不好聽的話，自己就會成為被害者，這時丈夫就是加害人了。一旦形成了這樣的關係，婚姻就很難有轉機了。

案例二的夫妻互動才是匪夷所思，主要是因為王妻太信任丈夫了，存摺交給他，家中財物也由他掌管，丈夫在外的生活完全不知，她認識的丈夫就是每天回到家享受妻子服侍及家庭溫暖的那個一家之主，由於他在家的表現像個典

型的丈夫及父親，王妻就以為自己有個好婚姻，雖然生活平淡些。

一本存摺的帳目二十五年都見不到，均由先生口述報告，可見王君能言善道，說服太太相信他。而他必然用許多藉口來交代他在外的生活，太太全盤照收。只是在性生活方面王妻為何未起疑心，這有兩種可能，一為夫妻本來性頻率就不高，久久一次，太太很難察覺異樣，這意味著王妻本身的性需求並不高；另一為王君擅長床戲，每次都能滿足妻子。王妻認為有性生活或性生活不錯，婚姻就會存在，所以不疑有他。

其實就因為王妻如此善良，依賴也深信丈夫，婚姻才能維持二十五年，王君的個性自私又好色，如果王妻精明些，也是一樣會受騙及受傷，但婚姻史就會改寫了。也許早些年就東窗事發，王妻無法忍受，成為短命婚姻，或者當時王君選擇以家庭為重，願意痛改前非且尊重妻子，也許他們到現在還過著幸福快樂的日子。就因為夫妻互動的模式已僵化太久，一旦問題爆發就很難收拾，王妻只得自己找出路了。

台灣是個民主的社會，社會上的男女平等很被重視，但家庭中的男女平等卻仍有很大的進步空間，但求男女在婚姻中卸下傳統的大男人小女人角色，學習新好男人新好女人的夫妻關係，能互相尊重，彼此肯溝通，我們的下一代才有模範可循，成為真正的新好男人與新好女人，減少婚姻衝突與困難，才能擁有良好婚姻，降低離婚率。

6 金錢與性——婚姻中的慢性衝突

婚姻需要許多時間及心力來經營，且必須是身心合一水乳交融，才是幸福的境界。

案例一

A夫妻結婚二十幾年，一家四口看起來和樂融融，其實婚姻有暗流。A夫擔任私人公司經理，工作駕輕就熟，下了班常跟朋友或客戶應酬，存錢不多，而A妻在孩子讀國中後就自己經營一家小服飾店，精選貨色且與顧客建立良好關係，生意蒸蒸日上。一賺錢就買房子投資，雖仍在分期付款，但名下已有三棟房子。

A夫已經不只一次要求妻子將其中一棟過戶給他，A妻不明白丈夫的意圖，心想不論是在誰名下，以後都歸兩個孩子所有，為了尊重丈夫起見，她沒拒絕，但表明要丈夫自己付那一棟房子往後的貸款。丈夫居然不肯，只要房子不付貸款。兩人為了房子的事就僵在那兒，不提敏感話題也就沒事，但兩顆心似乎越來越遠了。

A妻與閨中好友分享心事，她們都知道A夫曾外遇的事，甲女說這樣做太危險，千萬別過戶給他；乙女認為若房子能拴住丈夫的心，給他就值得；丙女則主張丈夫財務應獨立，何況大部分家用都是A妻在付。A妻也不知道是否該將此事告訴成年的孩子們，好想聽聽他們的意見。

案例二

B夫妻結婚十六年，兩人事業心都重，選擇當頂客族，不生小孩，婚後兩人皆支持對方投入工作，並各自發展事業。B夫經常飛歐美出差，B妻則自創品牌，從事珠寶設計，在業界小有名氣，每天忙得不可開交。夫妻聚少離多，但新婚那股甜蜜感在久別後仍然貫通全身，常在心頭，周遭親友同事都認為他倆是神仙眷侶。

但好時光不過才五年，B夫跟著老闆在美國設廠，一年只回來兩次，每次不到一個月，B妻寂寞，與一位年輕富商有了婚外情，而B夫在美國也交了女朋友，生理方面有了宣洩管道，兩人不見面時仍然思念對方，相聚時卻是相敬如賓，不再兩情繾綣。

B妻是真的很愛丈夫，仰慕他也尊敬他，而丈夫亦以同樣的心情與態度對待妻子，誰也不想離開婚姻。但紙終究是包不住火，B夫婦彼此都知道對方有外遇，卻從未說穿，人前人後一樣恩愛，只是沒有性生活，雙方均憑默契行事，B妻自己也覺得不可思議。

B妻不斷地說服自己，「夫妻當然可以沒有性生活，只要我們相愛，婚姻就可以維持。」她也相信自己的話，但始終不快樂，卻不知道該怎麼辦。

解除婚姻危機需雙方的覺察、愛心與耐心

以上兩案例均很獨特，但深入推敲，其實就是金錢與性兩件事。金錢與性

是婚姻中的慢性衝突，七年之癢的主因有可能是性不和諧，而白手起家的夫妻在有了錢後的衝突通常都發生在中年期。這兩個危機出現得慢，使得夫妻漸行漸遠，婚姻逐漸走下坡，但並非沒藥救，只是冰凍三尺非一日之寒，為錢冷戰或性生活不和諧並非一日形成，所以要解除婚姻危機也必須是漸進式的，需要雙方當事人的覺察、愛心與耐心一起來努力。

案例一中的A夫妻，當初有共同目標，就是生養小孩、建立家庭，也就是這個目標及這種責任一直在連結兩人，即使各人的工作性質及型態大不相同。其實兩個人個性亦大不同，丈夫安於當個上班族，以朋友為重，喜歡應酬花錢；太太則經營市場需求及人脈關係，且善於經商及存錢理財，因此丈夫的成就感來自經理的頭銜及朋友的交際，而太太的成就感則來自財富的累積。雙方其實都在過自己的生活，只有晚上回到家才有夫妻短暫的相處，彼此缺乏心靈親密的感覺。

A妻從未有二心，全心全意投入工作，一方面是興趣，一方面也是為了家人，有了錢老了才有依靠，孩子也可受惠。丈夫雖然也忠於職守，但畢竟是薪水階級，且他下了班就與朋友客戶聚會，從未到店裡幫忙。本來是存著尊重的心態彼此相敬如賓，但獲知丈夫有外遇後，A妻就全心投入工作，認為只有賺錢才是真實的，才有成就感。

外遇不了了之，A夫當成什麼事也沒發生，A妻看到丈夫回到婚姻來也就原諒他，生活照樣過，性生活每月不超過四次，她也認了，這就是婚姻，只是她生活的一部分，除此之外，她還有自己的事業呢！只是沒想到丈夫居然開口要一棟房子，要他付剩下的貸款還不願意，他的要求及拒絕對A妻而言，比他有外遇還刺傷她！「曾經傷過我的心，現在又要拿我賺的錢，只想到自己，都沒顧到我的感覺，是不是太過份了？」這是A妻的想法。

A妻不理會好友們的七嘴八舌相勸，也不想去找婚姻諮商師，只是幾經深思熟慮，決定以不同的角度重新看待先生。畢竟他不是壞人，很疼孩子，也算尊重太太，雖然夫妻間缺乏親密感，但他還是認定她這個妻子、愛這個家庭。可能A夫眼看妻子比他有能力賺錢，也有三棟房子，年紀大了缺乏安全感，才會開口要分一棟，卻因無力繳交每個月的貸款，想賴著讓妻子繳。

想著想著，A妻開始同情自己的丈夫，但為了要保護自己的財產權益及兒女的繼承權益，她下定決心，向丈夫表明，等兩棟房子付清尾款後過戶給一兒一女，百分之十的贈與稅是跑不掉的，而第三棟房子則是留著以後夫妻倆養老用，兩人都走那麼久了，希望能白頭偕老，與兒孫共渡晚年，所以希望以後兩人能多互動，多關心對方。A妻表明服飾店可交給女經理經營，自己要多花點時間陪丈夫。

A夫的房子夢雖飛了，但心裡卻感覺踏實，因為太太已將他納入兩人現在至未來的生活中。房屋贈與子女，他當然沒話講，太太的改變讓他領悟到自己也應該改變，也突然發現自己過去蹉跎了幾十年的婚姻生活。

案例二的B夫妻雖不生小孩，但結婚之初亦有共同目標，就是因為互相吸引、彼此欣賞才結為夫妻，婚後各自認真打拼，互以對方為榮，但因各自都太投入工作，且時空阻隔，長久下來分享的事物不夠多，即使相愛很深，身體上、生活中終究有了疏離感，何況兩人都還算年經，仍有生理需求，難免會因空虛及寂寞而找伴填補。

B夫妻都覺得彼此很匹配，且均有社會地位，都希望自己的心留在兩個人台灣的家中，所以難得相聚時依然出雙入對，且睡同一張床，眼看越來越像室友了，但丈夫若無其事，B妻也覺得可以配合，就這樣過了三年，越來越覺得這樣的婚姻不真實，好像在演戲，又不好向人啟齒。幾經思索，終於鼓起勇氣尋求婚姻諮商師的協助。

愛情三要素：激情、親密與承諾

婚姻諮商師指出，「夫妻當然可以沒有性生活，只要他們相愛，婚姻就可以維持」，這確實適用於不需要性生活但感情好的夫妻，卻不適用於B夫妻身上。他們並非沒有性慾，為求地利時空之便，各自找伴滿足性需求，如此一來性與愛分開，成為潛藏的婚姻危機。因為先有愛而沒有性是不完整的，而只有性沒有愛也無法維持長久，何況還有另一種風險，即是婚外情弄假成真或分不了時怎麼辦？

婚姻的基礎為愛情，而愛情三要素為激情、親密與承諾，B夫妻各自有外遇已經破壞了承諾，當他們沒有了性，身體的激情與肉體的親密在互動關係中消失了，剩下來的心理激情與心理親密絕對會因時空阻隔及沒有性生活而逐漸變淡，最後婚姻將只剩下彼此的認定及表面的互動而已。

三次諮商後，Ｂ妻三年來自己所建立的心防完全瓦解，她痛哭失聲，她好愛丈夫，卻不想過這樣的婚姻生活。婚姻諮商師指出婚姻不是沒有救，但必須要有人肯改變，而改變之前要先有溝通，Ｂ夫妻仍有許多同心及共識之處，這是改善婚姻關係的動力，只是「工作第一，婚姻第二」的觀念，使得雙方必須投資自己的婚姻於個人事業中，一切配合事業，而婚姻是需要許多時間及心力來經營的，且必須是身心合一水乳交融，才是幸福的境界。

思考良久，Ｂ妻終於向丈夫啟口，自己無法滿足於目前的婚姻關係，她準備半年內將公司經營權交給合夥人，自己退居幕後，想和丈夫住在一起，享受婚姻及家庭生活，希望丈夫也能在這半年內調整心態，準備回到婚姻中。無論如何，兩人都應該試試看「婚姻第一，事業第二」，或者至少婚姻與事業維持平衡的生活方式。Ｂ夫聽到淚流滿面的女強人太太幾番告白，當然會於心不忍，因為愛，他也同意兩人一起嘗試。

婚姻出現危機，一方或雙方均會感到困擾，但並非每個人都需要去向婚姻諮商師求助。

案例一的A妻就是自己婚姻的諮商師，她轉化原本的負向思考——丈夫伸手向她要房子卻不肯付貸款，好自私；至正向思考——丈夫在她面前有自卑感，缺乏安全感。乃顧全大局以柔情說動丈夫，以親情團結全家，結果三棟房子依然操在她手中，可謂是有智慧的妻子。

另外，性事是難以啟口的，不論是對自己丈夫或閨中好友。

案例二中的B妻無法安於自欺欺人的婚姻狀態，只好去找婚姻諮商師。經過分析她才瞭解，夫妻無性生活只是婚姻危機的表象，而危機實際上是由更多原因累積而成，整個婚姻型態及生活方式得做大改變，雙方得互相調整及配合，兩人才能有實質互動及改善關係。B妻先有覺察而後有反省，再至產生決心，並採取行動，與先生溝通成功即為好的開始。

金錢與性的婚姻危機不能頭痛醫頭、腳痛醫腳，夫妻的金錢觀與性觀念之交流、溝通、瞭解與協調，需要時間與心力，宜以溫和漸進的方式一同來解決，若互相指責或吵架造成對立，時間一久，婚姻即容易解組。

7 火爆的枕邊人

一方的應對方式若能修正，另一方的反應可能就會不一樣，這樣就可以避免吵架。

心情故事

「好不容易他心情好，我們一家四口開車去宜蘭旅行。他背痛，所以一路都是我開車，有點緊張，走錯了幾個路口，他就衝口而出：『妳眼睛瞎了？還是聾了？不是跟妳說過了嗎？』我聽了一陣火，但想說大家出來玩不要掃興，就說了聲抱歉。到了蘭陽博物館，他又口氣粗暴地說：『不是說好要先去金車酒廠的嗎？』我沒理他，逕自去買門票，全家人進入展館後，我一直解釋展覽內容給孩子聽，但心中氣他對我不夠尊重。那天小傢伙們玩得倒挺開心的，我倆卻沒話講。」

淑美回想起來還是一肚子怨氣，接著說，「這當然不是頭一次，他曾在超市大聲禁止我買某牌子的奶粉，說對小孩不好，引來眾人側目，以為我們在吵架，也好幾次在保母面前嗆我是怎麼當母親的。平日在家心情不好時講話就放大音量，臉色亦陰沉，不管有沒有小孩在場。」

「妳先生經常心情不好嗎？這種情形有多久了？」婚姻諮商師問道。

「婚前他有過兩個很不錯的工作，我就是在高雄認識他的。後來老闆要派他去大陸發展業務，他不想去，另在台北找到工作，為了與他廝守，我也到台北來工作。婚後他又換工作，越做越沒勁，覺得不被看重，但不工作又沒收入，勉強自己去上班，卻找不到理想的工作，心情越來越差，脾氣大得很呢。」淑美頓了一下，接著說，「婚前他是個好情人，我們相處愉快，但孩子生了之後，他就原形畢露，我要上班又要照顧孩子，還要忍受他的脾氣，連不常來看我的媽媽都看出來我現在很不快樂，為了不讓她擔心，我並未多說。」

「在婚姻中忍受，那種不快樂會自然流露於眉宇間，母女連心，媽媽心裡必定明白且擔心。請問妳先生跟其他人的互動情況如何？」

「他的工作不需與太多人互動，與同事只有工作時間內的互動，但他對撫養他長大的單親媽媽的態度也是一樣，我雖聽不懂客家話，從他媽媽臉上的表情我就知道他一定對她說了重話，然後兩個人就不說話了。」

「他另外一個令我不能忍受的就是很愛碎碎念，尤其是開車時，人家超他車，他就看不順眼，嘴裡咕嚕咕嚕地罵，『又沒多會開，自以為開賓士車了不起』或『一早去趕死啊』之類的，人家開太慢他也嘀咕，『到底會不會開車』或罵『死老頭，動作慢』，我坐在車內聽了真不舒服。」

「當然，他也有好的一面，基本上他是愛這個家的，對我及孩子都有責任感。有幾次對我發脾氣之後，他好言道歉，說心情不好大吼大叫，要我原諒他。我是原諒他了，但這種事太常發生，每一次的小傷害像滾雪球般地累積，說老實話，我很想逃離這不愉快的情境，但也不能說走就走，怎麼辦？而且老大已經四歲半了，我真怕他會模仿他老爸對我說話的口氣，長大以後以同樣的方式對待他老婆，讓悲劇重演。」

問題分析

「我真的受夠了，今天我來做諮商，就是想要知道我是離婚好還是不離好？有好多次生氣時我都恨不得立刻離婚，帶著兩個孩子離開，您說我是不是該離婚？」淑美說明心意。

「離不離婚，是個問句（Question），這個答案，妳是當事人，妳得自己找，但我可以協助妳先找出問題（Problems）在哪裡。我們來看看這些問題對婚姻的影響，以及有無任何對策。」諮商師明確地指出方向。

「聽起來妳先生人格有問題，可能自小到大被母親寵，但生活中欠缺父親角色，他因羨慕別人而逐漸對別人產生不滿，所以喜歡碎碎念。雖然他本性不錯，有能力有才華，也跟任何人一樣渴望有個美好的家，但他的抗壓性低，婚後工作不如意以及家庭生活帶給他的一些限制及責任增加，加上孩子吵鬧，他的脾氣就上來了，並非你所說的原形畢露，只能說他越來越無法（或者不肯去）適應環境的改變，只想待在一切順心的環境中。」

「看起來我嫁錯人了。」淑美很無奈地說。

「也不盡然，妳不也說他有優點嗎。當然，個性是個人問題，但你倆之間的互動也是一個關鍵，請問妳，通常你是如何回應他的粗魯或碎碎念？」諮商師探究。

「我當然也不甘示弱，指責他不尊重我，或嘴巴太壞，他就說我事事看他不順眼，我們不是吵起來，就是好一陣子不說話，有時他會道歉，但大部份時間都是我想到孩子就心軟下來，又恢復說話了。」淑美坦言。

「在這樣的情況下，你們的性生活又如何呢？」

「很簡單，吵架的時候當然沒有，有性生活的次數並不多。」淑美輕描淡寫地說。

「這是一個警訊，表示夫妻關係正在疏離。」

「問題在他，又不在我！」淑美急速撇清。

「先生的個性是一個大問題，他必須要有自覺，才能去同理妳的感覺，了解妳內心的痛苦，進而修正其行為，但妳的反應也造成互動關係的困難，甚至激起各自的怒氣，更難以消除妳的積怨。也就是說，如果妳修正妳的應對方式，先生的反應可能就會不一樣，這樣就可以避免吵架，就不會對先生的不佳心情火上加油，妳的不愉快也可以減少些。」諮商師分析不良互動之影響。

輔導及處理

「可是他那種態度與口氣，我真的很難控制我的情緒，非吵不可啊！」淑美急切地表達。

「『非吵不可』這四個字就是非理性想法，妳可以選擇吵或不吵，罵或不罵，他也是。先生說話傷人，妳的確有不被尊重的感覺，所以會生氣，但生氣並不是對他的懲罰，是對妳自己的懲罰及對婚姻的傷害啊！妳認為要控制自己不生氣很難，所以妳也可以體會先生要控制他的壞脾氣更難。妳自己若不能試著學習憤怒管理，又如何去引導先生做情緒管理呢？」

「我去引導他？」淑美不以為然地問道。

「是的，就因為你們的互動已成不良模式，今天妳是主訴求者，妳可以學習主動來打破這種模式。妳不回嘴他就不再反擊，至少不會常吵架，即使不滿，也可以趁他心情好時透過日常生活中的對話來告訴他。妳希望聽到一些指正事實，如「妳走錯路了」，而不是「妳瞎了眼嗎？」，或正向的語言。別人開車有自己的習慣，只要不違規，隨他去，不用去損人家，因為你罵他時聽到的人是自己的太太，與開車的人不相干。」諮商師用心引導，「當然，妳可以運用智慧創造一些令先生心情好的環境，如煮他愛吃的東西，或經常稱讚他的良好行為。」

「我可以試著不回嘴，但怨氣直往肚子裡吞也不好受，怎麼辦？」

「妳就認為他不是針對妳，而是莫名怒氣必須宣洩，不妨冷眼旁觀，把他的行為當作『發作』，看久了，妳就不會生氣而且還會憐憫他。但他畢竟是妳的丈夫及孩子的爸，所以妳不可以瞧不起他，要同情他、幫助他。幫助他就是在幫妳自己挽救婚姻，如果雙方都維持現狀，沒有一方肯先出手改變，關係只會更惡化，到時候連先生都會想要離婚的。」

「我懂了，您是說我若肯先做些改變，也許會影響他，我的婚姻也許會有救？」淑美聽進去了，且有領悟。

「這就對了！妳有意願要改善互動關係，很好，但得先學習溝通技巧與情緒管理，才能不動聲色不著痕跡地引導妳先生產生一些改變。不過要注意的是，江山易改本性難移，他只能做一些人格特質方面的修正，不可能變成另外一個人，因此妳要有充份的愛心及耐心。我相信妳的本意不是真想要離婚，我認為妳有能力嘗試改變，要不要試試看？」

「我是想啊，但好像很難，有點害怕！」淑美道出心聲。

「因為妳沒試過，有不知從何做起及怕做不來的擔憂，不試白不試，試了沒白試，妳不會後悔的！」諮商師催促鼓勵。

解開心結

淑美仍然每週一次來晤談，盡量不生氣，儘管丈夫還是會對她做人身攻擊，她採取不抗拒，離開現場，並記錄下他所有用過的言詞，找適當機會與他溝通，讓他看到他「發射」出來的辭彙有多傷人，而她可從來沒有用過這些話語在他身上。這一招果然管用，丈夫覺得不好意思，原來太太忍受甚多，乃開始有自覺性了。

三個月後，在太太的努力及丈夫的配合下，他們達成了三個協議：1.不在孩子面前大吼大叫或吵架；2.丈夫可以不高興，歡迎向太太表達情緒，但絕不使用傷人罵人的話；3.丈夫願意接受提醒，不再為小事碎碎念。這是很大的突破，丈夫不但有了自覺，還下決心開始行動。當夫妻互動恢復良好之後，親密感增加，性生活頻率提升，丈夫也在太太的鼓勵下開始找新工作了。

8 緣盡情斷心難寬

不論何種背景的婚姻，事在人為，而且事在兩人為，雙方的心要永遠在彼此身上，心貼心才能走遠路。

曾有台灣中小企業某夫妻檔因關係變調協議分手，離婚過程因爭財產搶品牌而撕破臉，公開互嗆，鬧得沸沸揚揚，人盡皆知。

夫妻攜手創業，功成名就後積怨浮現，仇恨取代恩愛

原本生意鼎盛的永康街「冰館」是紐約時報列為台北三十六小時必遊景點之一，因妻子指控丈夫花心而失和離異，「冰館」因此停業。據老闆說，因基於信任而未看離婚協議書的內容，簽完名之後才知道近八成的產業均給了前

妻，官司耗了很長時間還打不完，雖在東區重新創業，卻是辛苦不為人知。

宜蘭知名甜品「包心粉圓」也是夫妻共同創業起家，二十幾年的老店，卻因夫妻溝通不良，感情生變協議離婚，前夫前妻各自開店對打，老顧客去了一半，要比以前更賣力工作，才能爭取到新顧客。

曾被喻為「現代神鵰俠侶」的「東京著衣」創辦人兼執行長，在發給員工的一封公開信中驚爆離婚，無法長期忍受擔任公司董事長的丈夫的家暴。原因是當年夫妻胼手胝足，從小攤子賣起，辛苦十年，卻被丈夫指控她有外遇，並提告加重誹謗罪，官司還在進行，財產及子女撫養權尚未定奪，戲碼還繼續上演。

而亞洲塑膠杯大王因到大陸設廠，長駐彼岸，曾一度病危，在台灣的妻子逐漸將資產轉移到兒女身上。丈夫病癒後指控妻子偽造文書奪取價值九億元的股權，並自任董事長。法院乃判杯王妻子十個月徒刑，妻子不服，認為這幾年都是她與員工在台灣辛苦打拼，才有今日的成績，乃決定上訴。

這種典型離婚後仇恨對立的例子，中外皆然，它不只是新聞，也是婚姻教科書，雖是負面示範，卻發人深省，仔細分析，這些案例均有共同點：

1.夫妻原本感情好，婚姻生活有共同目標，一起建立家庭，同心投入家務事業，期待共渡後半生。

2.各有自信，看見彼此的優點，也看到彼此合作的遠景，基於互信互愛，願意依各人所長分工合作發展小企業。

3.打拼事業不容易，由小攤位、小公司拓展到中型企業，夫妻雙方均投入許多心血精力與時間，而且還要照顧家庭，生意人總是很忙，即使兩人單獨相處，也是掛念公事及家事，因此過於忙碌，公私兩混，缺少浪漫、私密的時刻。

4.事業既是兩人共同經營的，產業以後當然是留給子女，這是不言而喻的共識。

5.夫妻倆經過歲月磨練，各自發揮潛能，成為男強人女強人，共同打造自家的企業王國。

有如此良好的感情基礎與革命根基，照理說隨著事業版圖擴大、財產的增加及生活的改進，夫妻倆應該是心靈更緊密，相互陪伴享受美好的時光才對，卻是漸行漸遠，乃至不相容而翻臉，感情由濃轉淡而後歸零，積怨浮現，仇恨取代恩愛，這是什麼樣的歷程呢？

公私領域要分清楚，亦要適應不同的角色轉換

歲月與經歷真的會令人成長，但每個人成長的方向不同，因各自心理需求改變而產生新的欲望，夫妻即便同在一家公司或店面上班，各自面對的人事物也不完全一樣，長久以來與個別的環境互動形塑了新的自我形象。夫或妻均可能因為有了錢與權之後，有了新的想法，各自轉身去做自己想做的事情，如投資、外遇、置產、資助家人等，明知另一半會不高興，還是我行我素，直到被發現了，也就成為分手的導火線。

夫妻兩人一起上班，說好聽是同心協力，但每天二十四小時相處，不論是開便利商店或經營企業，在家裡會談到生意，在店裡或辦公室也會想到家中的事，公私很難分清楚，角色的轉換亦不容易。當妻子在指揮員工或大刀闊斧刪減開支時，呈現的是能幹威風的一面，溫柔婉轉的小女人不見了。夫妻也可能因意見不合而吵架，丈夫在生意方面總是想佔上風，若妻子太強勢，他可能受

不了，為了顧全大局，敢怒不敢言。

雖說男女共事是採分工合作，但丈夫總視企業王國是「自己」的，而妻子通常都認為公司是「我們」的，當兩人因家庭問題或事業上的紛爭，感情有了變化要離婚，妻子一定會奮力爭取她打拼所該得的，而丈夫則同意她可以拿走「一部分」，至於份量多少的差距，毫無共識。丈夫認為太太在「搶」財產，所以他得死守，態度上已勢不兩立，最後一點夫妻之情也在爭奪中消失了。

夫妻再怎麼相愛，還是得有自己的空間與時間，兩個人整天膩在一起，大眼瞪小眼，缺乏新鮮感，日子久了，很多歧見未溝通，問題未處理，就有可能相看兩厭。感情淡了，閨房亦無樂趣，有錢的丈夫很容易在外交女友養情婦，而妻子下班之後空閨寂寞，不是當貴婦亂花錢，就是交男友，誰也不肯原諒誰，互相指控，怨上加仇，使得婚姻更加複雜化。

兩個人共同經營一個事業王國，團結就是力量，一旦分手，王國一分為二，力量並非分成兩半，而是一散就大為減弱，各人都得戰戰兢兢從頭做起，其實是很不划算的。家庭各方面亦然，完整的家庭一分為二，也許是兩個單親家庭，也許是一個單人家庭加上一個單親家庭，原有的家庭結構瓦解，新的家庭結構產生，每個人都得適應新家庭，對家中的任何一個人都是傷害，也給孩子帶來陰影，原來那麼愛家顧事業的父母竟然可以為了爭產翻臉成仇，那他們以後還能相信誰呢？

夫妻合夥人應好好掌握機緣，享受婚姻與工作

會有這麼一天當然也是夫妻當事人始料未及的。若既知有現在，當初何必如此賣命？的確是很諷刺，當初也是因為愛情，為了生活，或對人生有理想，才會拼命苦幹，有多少時間是在共同討論事情，有多少時刻是一起忙進忙出，也有不少時間是在分享成果，現在就開始懷疑到底這些付出值不值得了？從要離婚到離婚完成，憤怒的情緒壟罩身心，一心只想爭取財產與品牌，等到離婚後，強烈的失落感及哀傷隨之而來。

無論哪一方事業有成，不是中年就是壯年，已不富當年的體力與時間，許多得到的又失去了，縱使仍有產業或店面，少了一個得力助手，要重整旗鼓大

振雄風實在不容易，人生中能有多少個十年、二十年？最精華的歲月已經過去了，因此這種由零開始共同創業的夫妻走向離婚，的確是兩敗俱傷。

年輕夫妻想要自行創業或承擔家族企業本是好事，既是一家人當然要同心投入，感情融洽才能合作無間，前面幾年都沒問題，但後來就跟任何婚姻變調的夫妻一樣，衝突迭起，誤會叢生，怨恨累積。因此常說夫妻共同經營事業婚姻容易變質，但夫妻各有職業生涯的婚姻也有慘烈分手的，只能說不論何種背景的婚姻，事在人為，且事在兩人為，雙方的心要永遠在彼此身上，心貼心才能走遠路。

夫妻雙方無論再忙，還是得撥出時間交流愛情，這裡說的交流並不是光談情說愛，而是表達情緒、溝通想法，最重要的是下了班在家裡要扮演情人的角色。所謂「愛情、親情、恩情、友情及夥伴情」每一種情都是合夥夫妻的基石，缺一不可，但愛情先垮掉後，其他的情也會逐漸褪色，影響基礎，最終導致無情面對。

從正向角度來看，一起工作打拼事業的夫妻有更多的時間相處、溝通，何其有幸，應好好掌握機緣，享受婚姻與工作，最終目標不是白頭偕老就是好聚好散，何苦打得死去活來，爭到一半家業，失去的又豈能計算？既然已結婚，就該珍惜緣分，攜手到老。

外遇事件簿

9 外遇虛驚，其來有自

夫妻爭執，應以成人的態度經由溝通處理問題，以免造成孩子的不安與不確定感。

心情故事

紋中是個優雅美麗的中年婦女，看不出已經四十五歲了，坐在諮商室內，幽幽地道出心事：

「安明在一家公關公司任小主管，很多大型活動都由他策劃及帶領。公司三個月前接了一個案子，替某個藝人的經紀公司做公益活動，他就開車帶A女至各大學及社區中心演講或獻藝。他每天回家都會分享公事，讓我知道他在外面的一切。我知道他工作很辛苦，要對公司負責，又得服務客戶，還必須與所到之處的接待人員打好關係，所以我總是專注聆聽並給予回應。」

「我們夫妻感情很好，一兒一女也很乖，安明很顧家，尤其我被公司資遣後，他要我安心在家休息，白天孩子上學去，鼓勵我去上英文及會計課，慢慢再找合意的工作，我自己也是這麼想，所以正在上課中，心中感謝他的體貼與辛勞。」

「只是最近他每天回家講述他帶Ａ女去工作的經過，越講越興奮，每當提到他與Ａ女的互動，尤其當Ａ女讚美他斯文帥氣，還說跟他相處很自在時，就眼睛發亮嘴角帶笑。他說他從未如此靠近影視大紅星，說她不僅有才藝也有學問，談吐有深度、思考合邏輯，堪稱才女，又不擺架子，做公益活動最適合。我本來以為他只是粉絲而已，但每天累積下來的『分享』，讓我感覺好像超越粉絲的界線了。」

「當然，近距離與大明星互動對任何人而言都是令人興奮的體驗，只是我擔心他會陷進去，現在已經有點一廂情願了。當初我之所以選擇嫁他，就因為他背景單純，大學時代交過一個女朋友，之後就是三十歲時認識我，我覺得這種人可以給我安全感，但我現在開始擔心他婚前沒經驗，婚後易暈船，有點後悔選錯人了。」

「上星期是我爸的忌日，一如往年我們必去廟裡上香，今年他說A女希望能與他一起吃中飯討論下午的行程，無法陪我上山。我好難過，爸爸生前最疼他了，他也一直唸著要去，卻因A女的一句話爽約了。我一個人在廟裡待了好久，越想越傷心，發了一個文情並茂的長篇簡訊給他，告訴他我有多孤單，好想要有個心愛的人陪伴。苦肉計果然奏效，安明立刻回信道歉，並說他的最愛只有我一個，當晚回家又道歉又摟抱，兩人都淚眼汪汪。」

「然而沒幾天後，我在上課，安明突然打電話來要我幫他訂我們常去的那家小意大利餐廳的位子，原來A女要請他吃飯，由他選地方，他覺得我們家附近那家義式餐廳不錯，想帶A女去嚐嚐。我認為不妥，餐廳的人會奇怪為何安明身邊的女人不是我？我可不想招惹鄰里閒話。如果是公事，大可帶到大餐廳，為何要侵犯我的地盤？他聽了我的想法後沒說話，卻是自己打電話去訂位，兩人還真的在小意大利吃了美食喝了點酒，且當天下午居然是私人行程，

A女拜託我先生載她去新竹看朋友，晚上八點他才回家吃飯。」

「我真的很受傷，為此悶悶不樂，女兒貼心地陪我聊天，我沒說什麼，只勸告她以後找男朋友不能找太單純的男孩，但也不能交一個風流情種，她聽得一頭霧水。正好她爸回來，女兒告訴老爸，「媽媽今天不開心？」安明居然將我寫給他其中有提到A女的長篇簡訊開給女兒看，還說「你媽媽吃醋了，爸爸根本沒怎樣，是她多心了！」我很生氣，奪下他的手機，跑進臥房哭，這是我們第一次在兒女面前有爭執，我好氣安明啊！」

「這之後他小心翼翼，盡量對我好，但工作照常進行，他也承認與A女的互動很開心很特別，他說再過兩個月案子就結束了，一切會恢復正常，A女不會看上他的，而他也不會放棄美好的家庭。我不知道這是不是他的保證，這幾個月來我已經受夠擔心害怕，每天都很不開心，所以鼓起勇氣來找妳，想請問這樣算不算精神外遇？我是不是應該找婚前有很多戀愛經驗的男人，見過世面，在婚後就會比較安份？而且我先生向女兒告狀說我吃醋，這樣做是不是很過分？」

解析與輔導

紋中陸陸續續地釋放出積壓的情緒及疑慮，婚姻諮商師先同理她的各種負面情緒：擔心、害怕、委屈、傷心、氣憤、嫉妒及疑慮，評量她的訴說，點出問題所在，引導紋中從三方面來思考：

1. 丈夫與A女的互動vs丈夫與自己的感情

目前紋中賦閒在家，心思全在丈夫與孩子身上，安明與她分享得越多，她反而越擔心，因為她無法參與丈夫的工作，而A女是大明星，被眾人捧慣了，要求自然也多，正好安明又是她的頭號粉絲，加上為了工作順利，他絕對是盡量配合。他其實是樂在其中的，這是一種從未有過的特別經驗，與才藝美女有如此多相處的時間與空間，非常開心，因此每天向太太報告，巨細靡遺，本是誠實分享，聽在妻子耳裡卻像是外遇情史，即使她相信丈夫不會主動，但不能保證若A女先挑起情慾，丈夫不會淪陷。另一方面，她又認為A女只是一再支使安明，不可能對他認真，都是先生一廂情願，所以才巴望他儘快回頭。

紋中就是想太多，越想越怕，以至於看不見自己婚姻中的正向動力，那就是夫妻感情穩固的事實。丈夫除了視她為妻子及情人外，還把她當好朋友，充分信任，無話不談。就是因為與A女的工作緣分很開心，情緒上快要滿出來了，所以每天跟妻子分享，雖然他也感覺到妻子的擔心，卻因太專注於自己的感覺，以致疏忽了紋中的情緒需要安撫及再保證。

其實紋中可以自正向角度來看，丈夫是如此地透明，不論是有無遐想，將心中的悸動經過與妻子分享而宣洩出來，身為聆聽者，理應接受及同理他的情緒，進入他的內心世界，感受他的開心。

當然，安明不顧妻子反對，還是帶A女至小意大利餐廳用餐，紋中很不能接受，甚至還覺得夫妻領域被侵犯了。但從另一個觀點來看，就因為丈夫很單純，他所能想到的有水準的餐廳，有美食又能談話的，就是他經常與太太去的餐廳。他不能讓A女失望，所以寧可違反紋中的意願，反正自己心裡坦蕩蕩，沒想到無心傷害了妻子。

2. 選擇丈夫的標準

由於A女的出現，紋中開始質疑自己選丈夫的標準。安明必有許多優點是她欣賞的，兩人必然互有好感互相仰慕且相處融洽才會結連理，婚姻要和諧，重要的是兩人的個性以及婚後的相處。紋中認定沒交過女友的男孩才專情，反過來說，即交過很多女朋友的男孩必定不專情，這是她的愛情迷思。

現代人晚婚，婚前必有機會與異性多交往，交過幾個男/女朋友並不重要。如果自己是自私自利不為別人著想，交多少對象沒成功後仍是只顧自己；但若能自幾段感情中學習人際相處，讓心智成長心性成熟，就較能在婚姻中維持穩定關係。

就因為紋中有錯誤的擇偶觀，她才會擔心婚前異性經驗缺少的丈夫可能會被A女的魅力所迷惑，其實一個成熟可靠的男人公私可以兩分，當然知道窩邊草是吃不得的。紋中應該認清的是，她選擇了一個適合自己的男人，兩人在婚後都同心做了很多努力，共同建立一個美滿的家庭，既然知道丈夫在外打拼很辛苦，自己更不能亂了陣腳。

3.家庭教育的正確方式

紋中被太多負面情緒籠罩，只因A女的出現就否定自己擇偶的標準，趁女兒關心之際，輸送似是而非的擇偶觀給尚未成年的女兒，這是錯誤的機會教育，只憑一時情緒，恐會誤導女兒，也造成她的混淆。較好的做法應是在自己情緒穩定時，教導女兒正確的感情婚姻觀，並與之對談。

而安明回家後看到太太臉色不對，擔心女兒會誤會老爸，乃先聲奪人，秀出手機中妻子發的簡訊給女兒看，說媽媽吃醋，意圖與女兒結盟，的確刺傷已經很沒有安全感的妻子，這是夫妻間有歧見有衝突時的大忌。簡訊是發給安明的，內容牽涉第三者，應視為兩人隱私，安明將妻子內心的隱憂向女兒展示，做母親的當然會覺得沒面子，她覺得丈夫居然為了A女將女兒捲進來，自然是更氣不過了。

夫妻有爭執，尤其是牽扯到他人或曖昧的第三者，應支開孩子，私下對話，以成熟的態度經由溝通處理問題，以免造成孩子的不安與不確定感。

解開心結

經過四次的心理婚姻諮商，紋中重新審視丈夫對自己的感情，以及自己內心的混亂，認清丈夫敘述有關與A女的互動，正如他以前敘說工作上的種種一樣，分享已成習慣，只是希望妻子能走進他的內心世界。但因這次案件的互動內容是男女相處且互動繽紛，造成紋中高度的不安全感，自種種跡象來看，丈夫的重心還是在妻子兒女身上的，紋中終於明白，自己在愛情方面的表達不夠多，光是傳幾封簡訊是不夠的，且她一直都以為做好賢妻良母婚姻就有保障，現在才明白表達與溝通的重要性了。

紋中自婚姻諮商師那裡學會溝通技巧，幾經演練後，感覺有信心有力量去面對丈夫每天帶回來的資訊，並懂得如何與丈夫溝通，讓他感覺到妻子是知心的伴侶，家永遠是他最大的資產。

10 丈夫外遇，何苦要妻子出來扛？

有小三介入的婚姻到底能不能持續，完全要看夫妻當事人的心態及對自己過去婚姻關係的評估。

我在報紙寫兩性專欄已有二十多年，讀者來信包羅萬象，以個人心理健康、伴侶/婚姻關係、性愛疑惑及家庭關係為主，其中外遇議題約佔四分之一，而男性外遇則遠超過女性外遇。也許女性大多以家庭為重，出軌偷情的人本來就不多，或者小心翼翼，早早結束，當然也可能是男性覺得戴綠帽子丟臉，寧可休妻離婚收場，也不願求助以挽救婚姻，更不要說寫匿名信到專欄請求諮詢了，因此我回答的外遇問題總是針對元配而言。

妻子通常是最後一個知道丈夫有外遇的人，一想到外頭的人都知道，感覺自己顏面盡失，對於不知情的娘家人，她更不好啟齒，焦慮、傷心、痛苦、憤怒、委屈、害怕，甚至自卑等各種情緒在心中醞釀，積壓到快崩潰了，只好寫信到專欄或打電話到生命線求助。曾經有一位妻子在信上焦急地問，丈夫是公眾人物，有了外遇，她說想挽救婚姻，又得保護丈夫，不知如何是好，必須緊急找一位頂級婚姻諮商師求助。

越是公眾人物就越有出軌的機會及可能性

不論是知名人士或市井小民，外遇對婚姻的傷害人盡皆知，所牽連的不只是妻子一人，孩子以及兩個原生家庭，一堆人都受其害。但越是公眾人物就越有出軌的機會及可能性，因為出名，不是有錢就是有權，靠近他的引誘自然多，而鎮日忙碌的名人，平日壓力也很大，有機會在靚女陪伴下吃飯休息聊天上床，的確是忙裡偷閒紓解壓力的好方式。但也因為是公眾人物，外遇曝光的機會就越大，反倒是無名小卒，不怕跟拍，隨便向妻子撒幾個小謊就能享齊人之福，就算被發現了，向妻子認錯道歉，發誓不再與外遇對象來往，乖乖回家做好丈夫也就沒事了。

外遇傷害了妻子對丈夫的信任，即便丈夫回到身邊，每天生活依舊，妻子內心仍然惶恐不安，卻無法說出口，只能一邊觀察，一邊自我療傷。倘若是公眾人物之妻，還得強顏歡笑面對媒體及大眾，說些違心話替丈夫圓謊，或者公開聲明原諒老公，歡迎他回家。這種戲碼在中外，不論是演藝圈或政治圈，總是經常上演的。

其實妻子大可不必出場，外遇本是家務事，兩個成年人私下處理即可，丈夫必須得對自己的行為負責，何苦要妻子出來扛，自己的行為已經影響家小的心情及生活安寧，他當然要盡全力來保護他們的隱私，也算是一種彌補吧！

然而也有些妻子認為始作俑者是狐狸精，將所有的罪都怪在第三者身上，只要趕走狐狸精，丈夫回來就好。就曾有一則社會新聞，報導A男隱瞞已婚身份與B女交往，每月還給B女生活費，並致送禮物。陶醉在男歡女愛的B女，一心盼望與這位經常「出差」、商務「繁忙」的男友結連理，完全沒想到為何A男從未帶她去見他的家人及同事朋友。結果紙包不住火，有一次B女自A男公事包中幫他拿手機出來，正巧瞄到他的身份證，隨手拿出來一看，配偶欄上居然不是空白。A男此時還騙說婚姻不佳已快離婚了，請B女耐心等待。

B女怒火難消，居然被騙一年多，乃鬧進警局，A妻當然就知道了。兩女相見，份外眼紅，A妻還想動手打B女，被及時制止。B女卻告A君欺騙，A君氣她翻臉無情，乃要求B女歸還所有生活費，B女當然不肯。A君一口咬定那是借款，要求B女限期歸還，並要求妻子作偽證，說她也知道借款之事，A妻欲洩心頭恨，且一心希望丈夫回巢，乃照作不誤。

這場鬧劇最後當然水落石出，全是A男一手導演，還要妻子配合。可憐的妻子，這種品行惡劣，翻臉無情，欺騙生活中最親近的兩位女性的男人，妻子還是一樣將他領回去，奉他為一家之主。他們的夫妻關係中有真愛嗎？這樣的男人有能力愛人嗎？他們的婚姻從此可以快樂幸福嗎？

先紓發情緒，才能冷靜下來整理思緒

另外一則在網路上火紅的新聞，因為元配費盡心思替小三作媒，想讓她有個好歸宿，也讓自己丈夫回到身邊。居住南京的A女發現丈夫有外遇，卻遭丈夫否認，她只好拿著相關照片去調解委員會尋求公道，除提出離婚外，還要求三十萬人民幣賠償精神損失，否則要向小三追究。A夫一聽，當場下跪認錯，直說「對不起」，求妻子千萬別去找小三的麻煩。

原來小三是A夫的前女友，兩人相戀本欲結婚，但遇到年長自己幾歲的A女，有錢又對他好，乃起了貪念，拋棄女友與A女結婚，婚後一直覺得內疚，才會陳倉暗渡。A夫說出真心話，倘若能有個人好好照顧前女友，他以後一定專心愛妻子，用心經營兩人的婚姻，若是一般妻子聽了丈夫這番話必是火上加油，更氣丈夫了，但是A女將此話聽進心裡。她找人調查，發現丈夫所言屬實，覺得丈夫的前女友還挺無辜的，前思後想，為了自己的婚姻及家庭，決定為小三作媒。

夫妻倆介紹了一個老師給前女友，起初她有些抗拒，但經過一年的撮合，前女友了解A夫的好意及難處，也感佩A女的寬宏大量，再加上這個對象人也很不錯，她終於點頭與老師結婚了。至此，外遇事件的陰影才真正消除，情敵變朋友，A女的同理心、愛心與氣量造就了兩樁幸福婚姻。

雖然此為特例，但畢竟是真人真事，每個妻子面對丈夫外遇的反應因個性而不盡相同，處理的方式也不一樣，但目標卻是一致，希望小三消失，丈夫回頭，挽救婚姻，維持家庭完整。但如果自己已經被此事件打擊得近乎崩潰，已經不能分辨床頭人到底是親密伴侶還是仇人，他說的話是真是假？這時候就一定要去找婚姻諮商師談談，先紓發情緒，才能冷靜下來整理思緒，了解丈夫現在已不是親密伴侶，但也非敵人，而是法定丈夫及生活伴侶，並釐清問題是他一時昏了頭失去理智情慾奔放，還是兩人的婚姻關係真的出了問題？

妻子的理性對待與互動可以吸引丈夫回頭

回顧婚姻，審視過去迄今的種種互動，對自己的成長與演變有新的認識，對自己的婚姻關係賦予價值及意義，才能有勇氣去面對外遇事件，才能有內容與丈夫對談。知易行難，如此受傷痛苦的妻子要學習理性地處理丈夫的外遇心態，的確很沉重很困難。

這段婚姻諮商歷程可能要花上幾個月的時間，這期間更重要的是受傷的妻子如何愛自己。生活本來就靠自己，妻子的世界是從自己拓展到外界，與他人連結，丈夫有外遇是他的行為偏離婚姻軌道，若要他回頭，總要做些修補的工作。他也會害怕面對妻子的憤怒及指責，更不想看到孩子與媽媽一國，或者妻子離家出走，家裡一團亂。

丈夫有可能跑到第三者處當鴕鳥，夫妻之間裂縫更大，因此家裡最好有吸引丈夫回來的一些誘因，如妻子的理性對待與互動，不知情孩子的天真無邪，溫暖整齊的房子等，只有當他不怕回到家裡，妻子才有機會與他溝通。妻子不妨耐心和藹地邀請丈夫一同去做婚姻諮商，一次不肯，下次再邀，絕不可動怒。

倘若丈夫固執不去，妻子只好自己繼續去諮商，學習回家溝通之道，同時亦可邀約雙方好友陪伴，與丈夫約在咖啡廳溝通。這種種都會將丈夫拉回現實生活，如果婚姻基礎本來不錯，夫妻生活也是正向，在看清自己行為的巨大負面影響，並權衡輕重後，多數丈夫會選擇回到婚姻中。有小三介入的婚姻到底能不能持續，完全要看夫妻當事人的心態及對自己過去婚姻關係的評估，倘若雙方的認知及感覺相差太遠，外遇就會成為婚姻解組的導火線。

婚姻因外遇產生危機，由於妻子要挽救婚姻是主訴求者，不得不帶頭做些努力，以期外遇事件落幕，而夫妻重修舊好只是另一階段的開始，更大的挑戰是如何恢復信心與親密關係，這將是婚姻諮商下一個階段要做的工作。

11 外遇，父母傷情、子女傷心

因瞭解而分開，絕對比因外遇而分開（兩害取其輕），對孩子的負向影響小一點。

社會新聞中有關婚姻的報導，大都是外遇或離婚後的爭風吃醋，一方抓姦或打官司，甚至出手傷人或鬧出人命。

其實沒有鬧上新聞的外遇事件多得很，原因多是感情基礎不穩或是劈腿問題，有的早已鬧開，天天吵著要離婚卻拖著擺著，有的則是偷偷摸摸進行外遇。這些父母因為婚姻不愉快而向外尋求慰藉時，往往過度沉溺於婚外情，而忽略了子女的感受，於是，有的孩子裝得完全沒事，有的孩子承受不了壓力而產生外化行為，如叛逆、偷竊、逃學或自殘等。以下就是兩個真實的案例。

故事一：爸爸外遇，為什麼承受壓力的卻是我？

我是一個國二女生，家中的老大，還有一個弟弟。原本爸媽感情還不錯，兩年前爸爸外遇後家裡氣氛變差。後來爸媽分居，爸爸搬到外頭住，媽媽不斷跟我抱怨爸爸的不是。

之前我不會跟媽媽對立，但媽媽的狀況導致我不想上學，曠課、染頭髮、穿耳洞、成績落後，經常跟她吵架。我有一點強迫症，會一直剪手腳指甲剪到流血。或許媽媽覺得不是她的錯，但我覺得媽媽影響我很大，我不知道該怎麼辦，請問我需要去看心理醫師嗎？

解析

A女內心深處懷念爸媽要好時的情景，也心痛爸爸不再住家中，更受不了媽媽的抱怨與管束，那種失望、失落、無奈又無助的怨氣無處發洩，導致她對家庭及社會反抗，出現了曠廢學業及標新立異的打扮，但這些都不能化解她心中的傷痛，反而愈來愈迷失、害怕，進而產生強迫性的自殘行為。

父母的行為往往會影響到孩子的心情，尤其當太太無力挽回丈夫的心，必然是羞窘、傷心、憤恨，所謂「家醜不外揚」，這時也只能向年紀稍長的女兒訴苦了。

其實A女是好女兒、好姐姐，她不希望自己再這樣下去，才會想求助。要怎麼解決呢？首先A女得面對現實，父親短期內（有可能長期）不會回家，媽媽再抱怨也沒用，只會升高大家的壓力，如此的單親家庭是無法健全的，母女關係也只會更形惡化。

A女可以讓自己及媽媽過得更好些，但必須有好的引導，她可以主動去找學校輔導老師談談自己的狀況，並請她轉介婚姻/家庭治療師，母女一起去做家庭治療，而媽媽還可以做婚姻諮商，學習面對問題，早日脫離陰影，做個快樂獨立的假性單親媽媽（留在婚姻中），或是真的單親媽媽（走出婚姻）。

故事二：不管怎樣，媽媽就是不該外遇，不該讓我難受

我是個高一女生，前幾天發現媽媽的Line裡面有和其他男人的親密簡訊，

我看完後非常傷心，並叫她不要跟我爸離婚。接下來我開始對媽的態度非常不好，不太理她。然後我就在App上打了一些話，我媽看到後就跟我說，我爸在外面也有女人，然後又說那個男人對她很好（可是那個男的也有家庭）。接下來她又跟我說，她跟那個男的不可能了，他們分手了。可是我媽現在依然每天都很晚回家，已經三個多月了。老師，我該怎麼面對這件事？

解析

每個孩子都渴望有一個完整的家庭，當爸媽不同心時，家庭隨時會崩塌，因此當B女發現媽媽有男朋友時，驚慌、害怕又生氣，就怕媽媽會丟下爸爸和她，因此對媽媽沒有好臉色。

B女看到的只是表相，大人一定從沒向她說過什麼，她也未曾以關心的口吻與父母溝通、瞭解，而一直以裁判及法官的角色來看待母親，認為她做錯事該被處罰。B女一方面有罪惡感，一方面擔心媽媽真的會離婚，於是在App上留言，表達難過及不捨。媽媽感受到她的心情，回信為自己辯白，意思是說爸爸

對她不好，外面也有女人，而這位男友對她很好，是她的安慰。

每個孩子都有情感上的需求，希望媽媽多關心她及父親，但是媽媽也有情感上的需求，所以B女不妨將心比心，從媽媽的角度來關心她，而不是批判她。

通常我們愛一個人，不論他做什麼，總是希望對方能獲得真正的快樂。B女如果肯放下心中的怨恨與批判，表達關心、接納母親的行為，同時也傳達自己需要更多關心，相信母親可能因為女兒的同理和懂事而備受感動，也會重新思考自己外遇行為對女兒的影響。

青春期子女，最無法面對父母的感情糾葛

大人們的感情問題實在不應該讓孩子涉入。以上兩個例子，B女小小年紀根本搞不清父母多年的恩怨情仇，也無力阻止他們各自交友談戀愛。B女的父母應該不是不愛孩子，而是各有各的苦衷，只是他們沒有想到自己的所做所為對子女造成的傷害，同時也需要一些時間處理自己的問題。

既然B女擅長用App，不妨打長訊息（非簡訊）表達對父母的愛，就因為深

愛爸媽，所以不希望看到他們不快樂，希望他們能夠各自整理好自己的心情及感情，她也會跟著快樂。相信父母讀了訊息必會感動，縱使結果不一定如女兒所期待，但至少父母會驚覺、醒悟他們忽略了女兒的感受及需要。

A女才國三，B女為高一，都還是青少女，發現父親或母親有外遇，真的會不知所措。A女母親是受害者，B女母親則是外遇者，兩人都向女兒訴苦，尋求支持、同情與結盟。只是，這年紀的孩子還不夠成熟，非黑即白，必定認為外遇是不對的行為，也無法承受母親加在自己身上的壓力。兩個女孩都極力想擺脫這種痛苦，才會勇敢寫信求助。

外遇事件會發生在婚姻的任何階段，當小孩還太小時，只會覺得不對勁，也只要父母復合就沒事。但如果因此離婚，孩子在成長過程中就會一直懷抱著遺憾及不完整。

夫妻分手的理由和方法，應盡量顧及孩子的感受

總的來看，青少年時期，父母有外遇、鬧離婚，對子女的影響最大。這階

段的孩子本來就面臨角色混淆的發展危機，如果加上對感情婚姻的偏差觀，以後長大交往異性時就很容易產生親密關係的問題。

現今社會，夫妻在孩子成年後外遇離婚的並不少，大部分子女雖然不諒解父親或母親外遇，但也只能無可奈何地接受，心向著受害的那一方。不過，還是有已成年子女坦然接受父母分開生活會比較開心的事實。

無論如何，夫妻感情不好，還是要為自己、對方以及孩子試著努力再磨合，若真的無法共同生活下去，因瞭解而分開，絕對比因外遇而分開（兩害取其輕），對孩子的負向影響小一點。提醒天下父母，劈腿之前，請多替孩子想想吧！

12 外遇，錯譜的戀曲

脆弱、自由的感情觀，使得外遇已成為當前社會的常見劇情。

婚姻關係重新洗牌

從前婚姻的定義是建立家庭、傳宗接代、傳承家業或原生家庭精神，基本上是男尊女卑，且男性三妻四妾、逢場作戲，屢見不鮮，除非是姦淫人妻，男性通常不會被冠上「外遇」的汙名，而女性則不然，生為王家人死為王家鬼，只能從一而終，且連寡婦也得守貞，倘若有丈夫以外的男人，一點風吹草動或蛛絲馬跡，都會被冠上「通姦」的惡名。

反觀今日社會，婚姻的定義仍是建立家庭，卻是兩個獨立平等的個體經過自由戀愛，對人生有共識有目標，認為兩人相伴相隨會比一個人單打獨鬥來得更充實更有建設性，因此願意共同生活，可生可不生小孩，較注重雙方關係的緊密與生活品質。

就因為戀愛太自由了，加上現代性愛婚姻感情觀的開放，婚姻的誓言與承諾已經很難綁住雙方，一方外遇或雙方各有外遇的情況比比皆是，連小三也不限定是單身女性，單身、離婚或已婚男女，皆可能是小三人選。也因此，當今社會，妻子沒外遇，丈夫不會感謝，因為恪守婦道是人妻的責任；但若丈夫沒外遇，做太太的通常既慶幸又得意，認定丈夫是「好人」，也感恩自己的婚姻幸福。

其實，沒有外遇不見得就表示擁有良好的婚姻品質，只要彼此認定想與對方生活一輩子，為了生活安寧、家庭完整及全家人的顏面，就會盡力讓婚姻平和地存在。但有外遇的婚姻，夫妻互動必有問題，可能是一方不甘於平淡的婚姻生活，也可能是婚姻吵吵鬧鬧或只剩一個空殼子，或者長久分隔兩地。總之，這類型的夫妻關係不再緊密親近，只是日常生活的表面互動。

外遇角色，不分男女

一則曾經轟動美國及全世界的緋聞，是美國前CIA局長斐卓斯因為婚外情風波閃電去職，沒想到「小三」、「小四」不斷冒出來，令結縭三十八年的妻子大發雷霆。想當年斐卓斯娶的是陸軍四星上將西點軍校校長的女兒，當他出征伊拉克及阿富汗時，妻子一手扛起家庭，成為丈夫的支柱，也讓他平步青雲。然而斐卓斯卻因人在沙場孤單寂寞，與小三在異地日久生情。不論兩人是否真心相愛，但當小三發現男友還有小四，出於忌妒，乃威脅小四，並讓整件醜聞爆發，更驚動了FBI前往小三家搜查，擔心其擁有國家機密文件。

政治人物有外遇，古今中外皆然，然而小三的態度則差異頗大。以往，大部分的小三是見不得人的，男友金屋藏嬌或賓館幽會總是偷偷摸摸，而小三本身的心態也是認分的，因大部分的男人並不想離婚，只想享齊人之福，小三如果乖乖聽話，關係便可以維持，也可以享受兩人生活；就算生了小孩也不敢報戶籍認父，一輩子當個沒有名分的二娘，連分手也是悄然離開。

現代女小三之所以敢公然挑戰元配的地位，除了已婚男友助紂為虐外，也是拜現今婚姻關係脆弱所致。現今自稱婚姻不幸福的男性頗多，或許是真的卡在婚姻中，亦有人是身在福中不知福。現在的外遇男女不僅在家偷歡，也會大方地出雙入對，連傳簡訊及在臉書上聊天也是公開行事。於是，女小三與男友的活動範圍擴大，在關係中被賦予較多的權力與權利，致使她們眼中只看到與男友的對等關係，認為現在擁有才是真實，元配是失寵、過氣了，空有名分沒有實質，自己才是勝利者。

其實私底下，女小三並非沒有隱憂，所以才會在發現小四的存在後醋勁大發，忘了自己也是小三，還大肆爆料，讓自己和別人的家庭全都毀了。

從前只有「姦夫」，並沒有男小三（現俗稱「小王」，因三橫中多了一豎），現在主要是女性在不愉快的婚姻中，若碰到善解人意的已婚或單身男性，往往會因抒發心情而有了感情，進而產生性關係；因此，男小三的數量逐漸增加，只是不若女小三那般公開，大多是默默享受戀情或是最後不得已分手。新聞中也看到，有因為做丈夫的發現了，不僅和太太離婚，並告男小三妨害家庭的案例，亦有男性因發現同居女友劈腿而殺死男小三或是趕盡殺絕的情事。總之，男小三也不是好當的。

愛再深，都是「婚姻破壞者」

不管男、女，小三的故事層出不窮，臺灣也曾有一樁離譜新聞：A女主動黏上已婚的謝男，親熱之餘要求生活費，謝男不想包養，但又貪圖繾綣纏綿，乃將A女介紹給好友B男，並致送五萬元紅包，促成姻緣。A女婚後仍經常與謝男幽會，卻被謝妻發現，告上法院。直到B男收到法院寄來妻子被判兩個月徒刑的判決書時才知道自己戴了綠帽，於是也告上法庭。

這A女的心態可議，明知謝男已婚，也不想包養，但還是願意委曲求全。而當謝男想出自以為萬全的「長久之計」時，A女竟然願意配合，下嫁給一個自己不愛的男人，只為了能與謝男不定期幽會。這到底是一個什麼樣的關係？A女已經三十三歲，她要的到底是什麼樣的人生？她口口聲聲說是為了愛情，嫁給男友的好友，周旋在兩個男人之間。這是真愛嗎？謝男到底有什麼優點，讓A女可以任他擺布？

想想，謝男在A女身上看到激情，也找回自己的激情，他大可將激情帶回家用在妻子身上，重拾夫妻間的魚水之歡，但他卻貪求無厭，既要偷情刺激，又要家庭生活，且為了不出包養費，居然設計到好友B男身上，完全沒想到這樣的「完美計畫」已經嚴重傷害到妻子，也扭曲了好友的一生，更是釣著A女的感情，毫無倫理道義，不折不扣是個婚姻、友情的欺騙者。

對兩人而言，最刺激的是A女婚後的偷情，兩人玩起「玩人妻」、「玩人夫」的偷情遊戲。只是一旦東窗事發，謝男有家庭有孩子，妻子不告他是希望有機會重建夫妻感情，但A女到頭來卻是一場空，落得法律懲罰、婚姻破裂的悲慘下場。

現今的外遇關係，不論在結構、形式或本質上都漸趨複雜，人性的脆弱及醜陋更是顯露無遺。不管如何，小三的處境永遠是危機四伏；所以，不論是女小三或男小三，還請深思熟慮，好自為之。當然，一個巴掌拍不響，男女雙方最好能在外遇前先花點心思整治自己的婚姻關係，先給自己及對方一個機會努力看看，才能知道這段婚姻是否還有走下去的可能。

13 別人的外遇，兩難的習題

別人的外遇，說或不說各有利弊，只能從理性觀點來分析、思考講或不講的後果及影響，並且小心行事，盡量避免造成傷害。

該維護道德，還是求自保？

楊醫師的頂頭上司丘主任發生婚外情，醫院裡傳得沸沸揚揚。丘主任的小三是藥商業務，經常跑醫院，表面上兩人互動自然，但私下親密的行為卻常被醫院員工撞見。

楊醫師的太太跟丘主任的太太不熟，只在醫院的聚會時才略有互動，但是當楊太太得知丘主任外遇後，忍不住擔心，哪天丘太太會不會來問自己？

果然，擔心的事還是來了。丘太太在電話中氣急敗壞地向她查證先生外遇的

事。楊太太心想，既然對方都知道且跟蹤過，於是便坦承了。這時，電話中卻傳來丘太太的啜泣聲：「為什麼妳們都不告訴我？害我被蒙在鼓裡這麼久？」

楊太太一邊安慰，一邊為難：「怎麼告訴妳呢？妳丈夫有外遇，為什麼這麼久妳才知道？」

楊太太其實很同情丘太太，也曾經想要警告她，但又害怕萬一鬧開，丘主任會遷怒她的先生。想想，畢竟是別人的家務事，避開比較好。

只是，此後丘太太一邊展開剷除小三的行動，一邊則不斷拜託楊醫師提供不倫戀的最新資訊。楊醫師夫婦不勝其煩，表明不想捲入事件中。丘太太孤立無援，最後只好轉向婚姻諮商師尋求協助。

外遇苦主，往往是最後知情者

是的，外遇事件中，通常太太都是最後一個知道的。旁人只會背後議論，卻很少直接告訴苦主，加上知情者大都是熟人，多少擔心自己的「多嘴」會成為人家婚姻的破壞者。

美國一家律師事務所，一位資深合夥人戀上了新進年輕貌美的女合夥人，並賦予她許多權力。有些員工受不了新主管的霸氣，離職走人；另兩位資深合夥人對於新人的行事作風也心存不滿，致使事務所表面上業務運作正常，實則一分為二。後來有員工擔心公司垮掉，極力主張告知雙方配偶，於是又分成兩股意見：一方堅持要有行動，另一方則主張自掃門前雪，不想生事。

報紙的專欄作家Amy針對此案例表示，如果外遇的資深合夥人行徑乖張，將事務所搞得烏煙瘴氣，影響到行政運作和營業收入，另兩位資深合夥人就應該告知雙方配偶。另外，也有權與這兩位外遇的合夥人深談，以事務所的前途為重。至於一般外遇事件，Amy則是從人際界線的觀點建議，除非是親朋好友，不然無需告知。

有一部美國電影《女人》（The Women），描述女主角的摯友A女無意間獲知女主角的先生與百貨公司的香水櫃姐有染，憋了好幾天，A女忍不住向死黨B女透露，B女一聽，堅持必須立刻告知當事人，但A女仍覺不妥；於是兩人辯來辯去，各持己見。

一周後，她們決定將真相告知好友，沒想到女主角正在抓狂，因她在偶然機會下剛剛獲知先生外遇的事實。

女主角一邊向摯友們哭訴，一邊責怪好友知情不報，讓她身上噴的香水竟是丈夫向櫃姐小三買來送她的生日禮物，自己卻毫不知情。

A、B兩人最後一致的結論是：與其由陌生人口中得知，還不如由好友告知，雖然有衝擊性及傷害性，但至少可以當場安撫及陪伴。

「要不要告知」與「會不會告知」其實是兩回事，有些人道德上覺得應該說，但卻不會做。或許是覺得事不關己，沒必要涉入別人的婚姻。

有趣的是，說或不說，有時是跟性別有關。以律師事務所的案例為例，兩位男性資深合夥人偏向不告知外遇男女的配偶，但在電影《女人》中，女性往往會選擇告知，並站在好友一方，同仇敵愾。

外遇絕非對錯，沒外遇不代表就沒有錯

但是，如果外遇涉及親情時，又是不同的考量。且不說父母外遇對孩子的

影響，相信只要父母有外遇，任何孩子都必定承受著相當大的壓力。

十五歲的小美，父親開計程車撫養一家四口，整天不見人。父母感情不融洽，常因金錢及個性不合而吵架。母親常藉口要去姐夫家開的餐廳幫忙，經常將晚餐煮好後就外出，但其實是去和男友約會，甚至有幾次還把人帶回家。

小美發現父親似乎知曉卻不予計較。她隱忍許久後，終於忍不住和母親爭吵。母親惱羞成怒下，不但不認為自己有錯，還怪罪小美不該揭發此事，大吼著要將她掃地出門。此後，母親開始無緣無故生小美的氣、找她麻煩。小美不明白，做錯事的人怎能如此囂張，就在週記上透露心事，才引起輔導老師的注意並予以輔導。

孩子總希望能得到母親全心的照顧，也渴望家庭完整。所以，當小美知道母親有男友，自然感到羞愧、沒安全感，同時也替父親抱屈、對母親產生怨恨……；但因為年紀小，所有負面情緒只能往肚裡吞，等到累積太多時就爆發，公開母親有外遇，母女關係因此破裂。

父母的婚姻關係，如人飲水冷暖自知，既然父親能容忍母親帶男友回家，必然有他的理由。小美看到的只是表象，未曾與父母雙方溝通及瞭解，卻以裁判及法官的身分來看待母親，更沒考慮到說出事實的後果。

小美需知道，自己有情感上的需求，希望媽媽多關心家人，但媽媽也有情感上的需求。不妨將心比心，多去關心她而不是批判她；放下心中的怨恨與批判，表達對母親的關心和自己需要被關心。或許母親會因為小美的體諒而受到感動，願意重新思考三角關係的意義及影響。

說或不說，都需小心處理

其實，父母外遇，就算是成年子女，一樣困擾，而且顧慮更多。

文英二十五歲，在家排行老大。自國中開始，父親便斷斷續續有過幾次外遇，父母更因此鬧得很不愉快。最近，她感覺到父親又開始不對勁。她非常猶豫要不要告訴母親，雖然沒有證據，但幾乎可以確定父親的老毛病又犯了。尤其爸爸向來行大男人主義，媽媽若跟男性朋友或同事吃飯，他就會無理取鬧。文英很替母親抱不平，無法諒解爸爸的態度。

到底是夫妻缺乏親密感，才導致爸爸屢次出軌？還是因經常外遇而導致夫妻感情疏離？文英並不知曉實情。既是成年女兒，應設法表達對父母親及家庭的關切，用適度的方法來拉攏父母親，藉由親情來加深父母親各自對家庭的投入及連結。

此外，文英可以以成年人的角色與父親溝通，讓他知道女兒的憂心，並請他顧及母親和子女的顏面與感覺。女兒的愛心及關切或許可以成為動力，讓父母各自思考該如何做才是對全家人最好，並將傷害減到最低。

別人的外遇，有時跟自己會有些許相關，說或不說各有利弊，只能從理性觀點來分析、思考講或不講的後果及影響，並且小心行事，盡量避免造成傷害。

14 男人的外遇方程式

當男人陷入了外遇的溫柔鄉時，他會突然跳脫好丈夫好男人的性格，變成了假性單身的戀愛中男人。

外遇事件到底是家務事還是社會事件？

古今中外外遇事件層出不窮，不分年齡、種族、性別或社會地位。到底外遇事件是家務事還是社會事件？若事件主角是市井小民，如白領階級或藍領階級的婚姻中發生了外遇，夫妻間的恩怨固然是家務事，夫妻爭吵對小孩的影響也算家務事，但若外遇鬧大了，夫妻離婚後翻臉成仇，或前夫前妻因金錢糾葛，不滿對方另找對象，或小孩照顧問題而產生種種問題，再加上離婚對孩子的打擊以及孩子對單親家庭適應及承受等，必然引發一連串的社會問題，雖說近年來女性外遇數字提升，整體而言，還是以男性居多。

美國大聯盟大牌球星A-Rod、NBA湖人隊的小飛俠布萊恩、高球名將老虎伍茲以及美國參議員也曾是總統候選人愛德華茲，都因婚外情玩得兇而鬧離婚，就連「台灣之光」王建民婚外情及名廚阿基師摩鐵事件也在台灣發酵，成為民眾茶餘飯後的話題，繼而引起許多妻子的恐慌，使得「外遇恐懼症候群」在社會上流行。若如此，外遇就會成為社會事件，除了危害婚姻與家人，也影響到周遭朋友以及廣大的粉絲與球迷，整個台灣社會好像都受到衝擊。

婚外情發生的原因很多，狀況亦不同。有些婚姻本身基礎不良，夫妻感情日走下坡，貌合神離，本來是雙方都在忍受，並無意離婚，但時間久了，有一方自覺欠缺太多，難以忍受，乃向外尋求慰藉，婚姻可能因有小三介入而順勢解組，因為雙方都對對方及婚姻感到絕望，不想再撐下去了。

有一種外遇發生就像王建民的狀況，夫妻感情好，一家三口樂融融，鄉親父老亦關愛，但由於棒球生涯的發展方向，他得離家遠渡重洋參與受訓及比賽，妻子已經是盡量飛去陪在身邊，但仍然有空檔之時。本來夫妻也不是亦步亦趨，也需要有個人空間。據研究，伴侶/夫妻分離最好不要超過三星期以上。當建仔獨自在佛羅里達州養傷恢復時，自然是心情跌到谷底之時，本來上夜店也無可厚非，只是人都這樣，若無可信任之人可傾訴時，寧可找陌生人做伴、說說話，心裡會好過些。就這樣由陌生而熟悉，由接近而親密，終於犯了天下男人常犯的錯。

男人外遇前常設想自己為假性單身

婚姻關係的愛情成分如何，是當事人的主觀直覺，誰對誰錯，外人是無法置喙的。然而外遇行為是不對的，因為它違背了婚姻誓言，且帶出了殺傷力，當男人陷入了外遇的溫柔鄉時，他會突然跳脫好丈夫好男人的性格，變成了假性單身的戀愛中男人。過慣了家庭生活，好久都沒嚐到戀愛的滋味了，於是他就一步一步跌到自設的陷阱中，而所有外遇男人自設的陷阱正是單身者在戀愛時常見的行為：

1. **喝酒：**在公共場所小酌，可以紓解一天的疲勞並放鬆心情，也可以舉杯

對談，展開社交行為。到酒館無非是喝酒與找人聊天，男女都可臨時成伴，但異性相吸，又多了新鮮、好奇與刺激感，因此不論是女酒保或女酒客，都很容易混熟。然後約出來見面或帶到賓館，徹夜長談，免不了又開葡萄酒助興，增加浪漫氣氛，酒喝多了也就壯膽助性，什麼事不能發生？

2.**傳簡訊**：打電話談情說愛聽到對方聲音固然很好，傳簡訊卻是表達心聲的最簡便方式。因為電話裡的對話講過就算了，只有重點留在腦海，而發簡訊的人處心積慮說情話，或者隨手送來幾行關心的字句，接收者一個字一個字看在眼底，細細品味，心頭一陣甜蜜，還可將之保存下來留做紀念或當成證據，特別是雙方情濃時傳的都是思念或愛戀的甜言蜜語。

3.**自拍**：現在人手一機，自拍太容易了，即使是一方一時興起或心存別念，隨手一拍，對方明知這是隱私，卻也被愛情沖昏頭，心甘情願地順著對方，在情欲奔放時自拍了許多香豔照，港星陳冠希淫照事件以及被網友騙色以自拍性愛照的密集社會新聞全拋到腦後去了，都以為此時此地此人是真愛，想都不去想可能面臨的後果。

4.租屋或購屋而居：偷情到最高點，難捨難分，在餐廳享用美食或在賓館纏綿總覺得沒有歸屬感，雙方都想要有一個屬於自己的小窩，想要與情婦共長久的男人就會購屋包二奶，而迷失於婚外情的男人則租屋同居，至少有個愛的小窩屬於兩人世界，可以一起煮晚餐，依偎看電視，甚至藉口出差留下來過夜。

殊不知這就犯了大忌，當小三沉溺於戀愛的甜美又享受假性夫妻生活時，她不由自主地提升了自己的地位，認定男友愛她多於元配，開始對目前的生活感到不滿足，心更大了，要求男友離婚以證明對她的愛，或當男友想分手時不甘心也不捨。當兩個人各有想法時，感情就會變質，愛就不見了。

5.送貴重禮物：人際間互相送禮本是禮尚往來或表達謝意，而男女之間送禮，尤其是男性要討好女性，又好面子，往往有求必應，或者要證明自己有多麼在乎她，不惜花大把鈔票購買貴重禮物，博卿一笑。禮物固然滿足了小三的物慾與心理需求，也成了兩人感情的信物，更成為日後翻臉的證物。

試想男人在外打拼，賺錢不易，辛苦也是為了自己及家人，只因一時意亂情迷而迷失了自我，在婚外情中花了不少辛苦錢，既非投資亦非儲蓄。當小三無法確保這份感情關係時，金錢及禮物就成了她的部分保障及補償，這是很自然很正常的事情，且是越多越好。

6. 旅行：不論是國內或國外旅行，到了山明水秀或充滿異國情調的地方，天高皇帝遠，暫時脫離現實世界，進入兩人天地，有如蜜月旅行。男人必定是心甘情願掏腰包買單，好好地與女友享受旅行偷情的刺激。兩人關上房門，什麼瘋狂的事情都做得出來，自拍更是免不了。此時女方很難將性與愛分開，認定兩人如此親密，一定是愛，乃下定決心跟定他了。一旦翻臉，旅行中的一切就成了把柄。

除了動機不良的小三外，大部分的女性都因追求愛情而陷入婚外情成為第三者，她很難拒絕已婚成熟男性的攻勢，過著歡樂與痛苦交雜的生活。當婚外情結束時其痛苦並不亞於元配，翻臉成仇後有棄婦之感，一切不堪回首，留下生命中難以抹滅的記憶。而男性則大方地回到原諒他的妻子身邊，恢復正常的家庭生活。所謂「一只碗敲不響」，這到底要怪誰？究竟是誰的錯？

越來越多的外遇都是「內遇」不成的結果

愛情三要素為親密、激情與承諾，缺一不可。婚外情中最滿溢的是激情與肉體親密，由於缺乏（或無法）承諾，心裡親密就未達一〇〇%，因此除非是真愛（外遇中也不是沒有），願意給承諾，通常婚外情無論多久，還是會散掉的。而婚姻關係中雖有承諾及身心親密，卻因心靈交流（戀愛的心動）與性生活漸趨平淡（生理的激盪），激情逐漸消失，才會造成外遇偷歡的渴望、繾綣與刺激，久旱逢甘霖嘛！

許多婚姻敘事研究的結果顯示，越來越多的外遇都是「內遇」不成的結果，這裡的「內遇」即是指夫妻間的親密互動與激情奔放，每天被工作及家庭瑣事纏身，回家要面對小孩及例行瑣事，要維持戀愛氣氛的確不容易。

很多人將戀愛與結婚分為兩個階段，歸為兩種不同的生活，其實夫妻感情本質上相同，只是婚後的範圍更廣泛了，兩人要應對的事情更多了。以家庭為主工作為輔的妻子當然要體諒與善待事業與家庭為重的丈夫，而丈夫也得心無旁騖地專注心思於妻子身上，兩人盡可能維持戀愛時的那種心情與氣氛。

性生活也是夫妻生活中重要的一項，有的妻子以為有行房婚姻就安全，有的妻子性趣太高或性趣缺缺，或者夫妻對性愛的認知與期盼並不相同，各人主觀性地評價自己的性生活「沒事」、「沒趣」、「沒問題」、「還好」或「美滿」。雙方對性需求、性行為及性感受的溝通、協調及配合練習至為重要，夫妻性生活活潑美滿者，他們的伴侶關係必然親密，反之亦然。

只是男人就是經常把「性」與「愛」分開來，總認為「我愛我的妻子及我的家庭」，偶爾「花」一下又不會怎樣。然而感情之事絕對沒那麼簡單，稍一失足就成千古恨，因此婚姻美滿的男性，不管你有多少性幻想，最重要的是「慎獨」及「有定力」，堅定拒絕外界的引誘，堅守自己對婚約的信念，與妻子攜手經營好上加好的婚姻，幸福才會在身邊。

15 報復性出軌，結果賠了夫人又折兵

當婚姻亮起黃燈時，夫妻可以一起來整頓平淡的婚姻，若雙方都沒去注意，等到亮紅燈時就是收拾外遇殘局的時刻了。

現代社會外遇事件何其多，元配不甘第三者侵入，在知情後必然經常吵鬧，罵到後來丈夫乾脆躲到小三身邊，元配看到自己的據理力爭居然變成「推力」，傷心難過憤怒之餘，將所有怨恨怒氣全部轉移到小三身上，恨不得將她碎屍萬段，立刻自人間消失，因此會絞盡腦汁想出一些匪夷所思的方法來對付小三。

不該複製外遇配偶的錯

曾有一則社會新聞報導，A妻於三年前發現丈夫與同事B女外遇，無論如何

爭吵，也經過家人調解，丈夫表面同意與小三分手，卻還是偷偷與B女來往。A妻只好找上B男，請他管好自己的妻子，B男表示兩人同為天涯淪落人，不妨共商對策，就在談話喝咖啡之際，雙方竟擦出愛的火花。B男起先有點遲疑，認為不該複製配偶的錯，A妻竟以「參加換妻俱樂部」的心態豁出去了。

也許是行為太乖張，露出蛛絲馬跡，B女與A夫竟然聯手捉姦，在汽車旅館逮到A妻與B男開房間，人證物證俱在，A妻宣稱「想讓B女嘗嘗遭背叛的滋味」。結果大家鬧上法庭，台北地院判兩女各賠對方十萬元，但這兩對夫妻目前各自在打離婚官司。四角婚外情玩完了，兩個家庭也拆散了。

這樣的結果是A妻始料未及的，她最初的動機其實是利己利人的，希望小三重回B男懷抱，自己則找回丈夫，才會找上B男。沒想到兩個寂寞受傷的人碰在一起，互相作伴，由不相干變熟悉，由受害者變成有情慾的男女朋友。B男身心寂寞有點把持不住，A妻則是隨著情慾的高漲產生報復動機，結果卻被B女錄到兩人在車上的對話，還到旅館捉姦，並按鈴申告，「被害人」反成「加害人」，而原來的「加害人」反成「被害人」，A妻真的是虧大了。

A夫與B女兩情相悅，享受偷情，外遇曝光後又難斷，他們有一定程度的感情，經過A妻的「報復」，說不定感情更難分難捨了；而A妻真的好希望丈夫疼她愛她，她與B男並無真感情，只是受到環境的催化及報復的快感，短暫親密關係曇花一現，因此她是得不償失，真是賠了夫人又折兵。

很奇怪的是，A夫的外遇居然演變成兩個女人的戰爭及官司，法官根據B男證詞，認定B女確實有介入A妻婚姻，也因B女的錄音檔及捉姦照片，證明A妻介入B女的婚姻。只是兩個丈夫居然沒事，且各自不能接受妻子的行為，一心想走出婚姻。A夫大可繼續與B女的戀情，甚至結婚，但B男與A女並無感情基礎，因此最後這兩個人還是回歸「受害人」的處境。

計退小三不成，推力反而變助力

另一個外遇新聞則更離奇，C夫C妻均為開業醫師，收入頗豐。當C妻發現丈夫有小三D女，想出妙計，與徵信業F君簽訂「終結小三契約」，約定「買名車及僱用美男與D女交往，並帶D女到大陸定居」，支付費用共計八百萬元。只是過了五個月，C妻撞見D女仍進出丈夫診所，F君誆稱D女即將赴大陸，只是來告別。過了半年C妻發現D女仍與丈夫交往，才知受騙，告上法院。

台中地方法院根據F君出示照片，顯示F君的確有雇用美男與D女交往，表示不能因未達成「D女移居大陸，毀壞D女在丈夫心中形象」之任務，就認定F君詐騙，但因F君沒有完成承諾事項，C妻有權終止委任關係，且F君並未提出收據或發票，所以F君必須歸還未用到的七百萬元。

看起來判決是有利於C妻，但一場官司令她灰頭土臉，而丈夫則對著法官嗆自己的妻子，「我沒有婚外情，是她自己胡思亂想，才會掉入陷阱被騙。」私底下丈夫指著她鼻子罵，「錢多拿去送人家，活該被騙」。結果她的婚姻繼續，卻有名無實，丈夫還是跟小三熱戀，兩人經過此事感情變得更穩定，D女還暗自高興C妻的奸計未得逞，推力反而變成助力。

C妻自己有許多的認定（或假設），以致造成她今日的困境：

1.「小三一定是朝三暮四的狐狸精，我丈夫雖有錢，畢竟不夠年輕不夠帥，我要找個美男來勾引她，帶她去大陸定居，老公就會回到我身邊。」她為什麼沒想到，如果婚姻關係不佳，夫妻感情不親密，一個小三走了，難道不會有小四出現？

2.「有錢能使鬼推磨，我只要砸大錢，徵信社會替我做事，美男也願受雇去愛D女，帶她遠走高飛，D女就會從我的生活中消失。」這完全是她一廂情願的想法，縱使簽了「終結小三契約」，八百萬的巨額款項太誘人了，誰不想分一杯羹，能A錢就A錢。F君完全被貪欲蒙蔽，先A錢再說，正事能拖就拖。

3.「可以安排別人的生活」。C妻讓徵信社安排美男與D女戀愛，D女就會高興地應她要求去大陸定居。她自認能操弄別人的生活及感情，但一定會如願嗎？她自己要讓丈夫回頭都很困難，更無法限制小三熱纏丈夫。C妻難道未考慮過此計畫成功的或然率嗎？還是F君三寸不爛之舌令她誤以為自己的計劃完美無缺，花錢值得？

A妻與C妻本性均善良，遭遇固然令人同情，且她們的作法並無惡意或傷人的意圖，但實在無法令人苟同。因為她們的目標只有一個——趕走小三，太專注於驅趕惡魔找回丈夫，以致於開始鑽牛角尖，完全忽略周遭許多事，也忘了身旁其實有許多社會資源可運用。先生的外遇當然不是剛開始，她們已忍受多時，等待又等待，仍然失望，越吵就越兇，也就越失去理智。

這時通常都會向親近好友訴苦，但他們只是聆聽或者當時義憤填膺，卻沒有人能幫忙趕走小三，A妻與C妻才會各自想出如此獨特，但其實是很危險的策略。她們不夠冷靜，對丈夫及小三有太多的負面情緒，以致會有非理性想法，引發非做不可的衝動情緒，乃導致非理性行為，造成皆不歡喜的局面，比自己原來的狀況更糟，失落感更重。

並不是每個外遇事件背後都是一樁很爛的婚姻

夫妻每天生活在一起，長時間下來，生活容易制式化，原本美好的互動漸視為理所當然，只要有外來的誘惑，心神不定的一方就容易陷入，享受新奇與新鮮感，有許多外遇就是這樣發生的，並不是每個外遇事件背後都是一樁很爛的婚姻。

A妻與C妻的婚姻原本應該不是很糟糕，只是夫妻越來越不說情話，那種相依相知相戀的感覺不見了，反正晚上睡一個床就是夫妻。這時候就是婚姻亮黃燈的時候了，本可一起來整頓平淡的婚姻，但夫妻雙方都沒去注意，等到亮紅燈時就是收拾外遇殘局的時刻了。

尋求婚姻諮商其實是處理外遇事件最好的方法。婚姻諮商師當然不會將小三變不見，但婚姻諮商師可以傾聽「受害」配偶的心聲，助其抒發負面情緒，走回現實世界，即是一個有問題的婚姻關係中。

回顧過去婚姻生活種種，檢視是否有什麼環節出了問題，不是找出誰對誰錯，而是了解夫妻互動有哪些改變及原因何在。A妻及C妻若能理性看待自己的婚姻危機，學習溝通技巧，以成人心態與丈夫展開理性對話，而不是一見面就吵就罵，讓丈夫避之唯恐不及，則丈夫會感受到自己的感情用事及對婚姻不忠的行為，雖然表面上還是離不開小三，心裡至少對妻子有幾分愧疚感。

婚姻諮商師還能支持配偶案主度過一段曖昧不明的痛苦階段，等待丈夫回到婚姻中。這個階段可能是丈夫每天眷戀在小三處，或者丈夫享受齊人之福，兩邊跑。無論如何，在雙方沒有人提出離婚之前，家就是一個基地，一個總部，妻子運用心理策略來挽救婚姻恢復感情的勝算還是很大的，總比自己胡亂出些主意，損人不利己，更挽不回丈夫的心，甚至可能輸掉婚姻。

諮商過後就算丈夫鐵了心當定負心漢，受害配偶因一直有婚姻諮商師的陪伴、支持與引導，有如打了強心針，至少能面對最壞的事實，讓她瞭解自己已盡了最大的努力，所以婚姻會走到盡頭問題不在她。因此，當面對這種情況時請三思而後行，不妨找婚姻諮商聊聊！

16 舊愛最美？

精神外遇大都起因於夫妻交流不足，一方乃向外尋求可以談心的對象，而對方也正好有此需要，彼此若是舊識或曾是男女朋友，便更輕易地就能進入對方的內心世界。

案例一 結婚十年，與妻子感情良好

去年父親的葬禮上，我與久未連絡的舊時鄰居兼好友A女相遇，她以前很得我父親喜歡，我們也有很多話聊。此後，我們每周至少通電話一次、每月共進午餐一次，這些，我都沒讓太太知道。

我知道這樣的發展是一種地下關係，一方面我有罪惡感，另一方面卻不認為這會造成任何傷害。以後如何我不清楚，至少現在是柏拉圖式的感情，只要維持這種關係，應該沒什麼不對吧？

案例二 今年四十九歲，結婚十九年，婚姻幸福美滿

八個月前我去看同學開的畫展，她的學弟、大學時代我暗戀的A君也來了。

二十年後再見面，我們聊了許多，他只談兒女卻絕口不提妻子，後來從同學處才知道他的婚姻不美滿。此後他每周都會發電子郵件給我，很簡短，三兩句話，都是對我的關心。我感受到他的情意，很心動，但也小心而簡短地回應。

他是很保守的人，絕不會多說什麼或是做什麼，請問，我這樣做有意義嗎？

共同的回憶和話題，不知不覺拉近關係

以上案例中男女主角的婚姻原本美滿，並未存心發展婚外情，卻在偶然機

會下與舊識重逢，開啟了對話，並展開後續的聯繫，進入曖昧關係。

案例一的男主角與A女相逢於父親的葬禮，話題先圍繞在父親，然後帶出許多兒時回憶。這些回憶是太太無法體會的，也因在思父情切下，A女成了傾訴聊天的對象。

男主角應該適可而止，將A女介紹給妻子，成為共同朋友，但他卻順勢發展成一對一的關係，儘管目前仍是精神伴侶，但既是地下關係，就很可能發展成婚外情，何況雙方均無停止的意向。

這種秘密關係是有風險的，男主角自己也覺得不妥，才會有罪惡感，但他卻告訴自己：「我們又沒怎樣」，認為不會對婚姻造成傷害，但其實已經傷害了妻子，因為他與A女分享的不僅是過去的共同記憶，也逐漸累積成現在的回憶，這些事他並沒有也不能與太太分享。試想，若妻子知曉，會覺得丈夫是全心且真心地愛著自己嗎？

A女的友誼的確可以幫助男主角度過父喪的低潮，但身邊還是有其他人可幫忙，尤其是家人，如果他過分重視此柏拉圖式的感情，遲早會影響到婚姻。

他其實可以邀請A女到家中吃飯，讓她成為家庭朋友。當界線分清楚了，友誼依舊可以繼續，若女方有其他心意和想法，以後自然不會再出現。

是一廂情願，還是緣未盡情未了？

案例二女主角與曾暗戀的A君雖然只是以簡短的電子郵件互動，但她內心卻已吹皺一池春水，所以才會問：「這樣做有意義嗎？」此問題含意甚多，包括「我這樣做會怎樣？對我的婚姻會有影響嗎？」、「他有無可能做些什麼？」、「我很想回應，但不知對方意向如何？」

女主角想很多，也因此產生煩惱。原本塵封的青春回憶全都回來了，相逢後開始穿梭於過去與現在，當年未竟事宜重新浮現，並對學弟簡短的郵件內容感到心動，雖是小心回應，內心卻澎湃不已。

學弟本來就心情苦悶，但他不訴苦也沒表白，只想寄情友誼。相信女主角並不是他唯一寫電子郵件的對象，只不過基於大學時代的情誼，他必定認為女主角是值得交往的朋友，於是將其納入生活中。或許有時他也會沉溺於過去的美好時光，文字中難免流露對女主角的懷念及關心，不過他自己未竟的事還很多，不太可能冒險追求已婚的學姐來治癒傷口。他真正需要的是友情。

學弟在女主角生命中曾是重要人物，現在則是老友，因此她可以自友誼基礎來與他互動、關心他。但她的信件文字必須正向堅定，以老友的口吻表達關懷就行了。

以上案例中的男女主角尚能發乎情止乎禮，且能自覺自省，那是因為雙方仍在電話或線上交友的階段，雙方也都恪守此種互動模式。如果能夠持續維持君子之交就很理想，但未來的事很難說，時間一久，若有一方想要改變此種關係，如果是退一步回到原點，只要各自調整心態就好，但如果一方想進一步發展，另一方便很難拒絕，這時，純友誼就會轉變成精神外遇，乃至身心外遇。

懸崖勒馬，需要決心、用心和信心

所謂精神外遇，就是心靈上的交流、生活中的分享，未進入肉體關係，自是不構成犯法，但卻足以令配偶抓狂、動搖婚姻。尤其與舊識重新聯結，過去共同的感情基礎，加上新的互動延伸，如果發展成無話不談的曖昧關係，離身心外遇便不遠了。

以下的案例就是典型的精神外遇。

故事

結婚十八年，半年前我發現先生與大學女同學（已離婚）有了線上戀情。雖未有肉體親密關係，但他居然與她分享我們夫妻之間的生活細節，也有不少限制級的對話。我哭著要離婚，他主動邀約一起去做婚姻諮商。

他說他還是愛我的，線上戀情已結束，要我相信他。

至今已四個月，他們真的沒再聯絡。我答應努力回歸生活，但就是無法再相信他，很難跨過被背叛這一關。他是個好丈夫、好父親，我相信他沒有再與女同學來往，只是不信任感就是在。請問不信任感與不自在感會隨著時間消失嗎？

解析 彼此用心付出、真心對待，感情便能逐漸修復

先生因為愛妻子愛家決定回頭，令人感動，但是夫妻間要恢復親密關係，尤其是信任，仍需經歷一定時間，絕不是丈夫說要回來、妻子說接納就成了，至於時間長短就很難說。首先，做妻子的必須先說服自己信任可以重建，這樣，不自在感及不信任感才能夠逐漸消失。

解鈴還需繫鈴人，先生當然要扮演重要角色，必須透明化且澈底結束曖昧關係。另外，對於妻子的不自在與不安要有耐心，不能要求太太立刻回復以前的信任關係，而且對於太太的一些醋意或翻舊帳也要有心理準備。至於太太也需要試著相信、尊重先生的誠意。唯有彼此用心付出、真心對待，感情才能慢慢地逐漸修復。

精神外遇大都起因於夫妻交流不足，一方乃向外尋求可以談心的對象，而對方也正好有此需要，加上彼此是舊識或曾是男女朋友，便更輕易地就能進入對方的內心世界。

有不少懸崖勒馬、度過外遇難關的夫妻表示，經由此特殊歷練，兩人的感情更堅固緊密了。關係重建是重新戀愛的最高境界，雙方會發現很多事情不一定要完美，再好的夫妻也會有問題，重要的是能否看清問題，攜手度過難關。只要能通過考驗，感情便能更上一層樓。

性愛處方

17 他不想讓我碰

夫妻需要有親密互動，才會有心理的親密感，進而渴望與另一半在床上纏綿，獲得身心滿足。

案例一

丈夫自浴室出來，逕自往床的另一邊躺下，無視美美盼望的眼神及身上性感的睡衣，美美由緊張變失望，但她還是勇往直前，將睡衣脫了，裸身往先生靠，手也開始不安分。先生有點驚訝，嘴上說：「你要做什麼？」身體卻無反應。

美美好不容易擠出幾個字：「我們來親熱，好不好？」丈夫回答：「我很累，早點睡吧！」說完就閉上眼睛。美美大受打擊，既哀怨又絕望，心想，「男人不是經不起色誘嗎？他真的不愛我了嗎？我該怎麼辦？」

原來美美生了早產兒之後，全心都在孩子身上，總希望後天的照顧可補其先天的不良，可以說是過分寵愛，夫妻常因教育方式而吵架。美美常怪先生不夠愛孩子、不會愛孩子，而先生則心理埋怨太太眼中只有兒子，他永遠排第二。

孩子七歲入小學，夫妻一起去參加家長日，美美忙著跟老師講話，先生就跟鄰座的家長英英聊孩子經，理念相近，談話愉快。隨著幾次在學校的互動後，兩人經常私下約會而發展成外遇戀情，美美無意中聽到先生在電話中談情說愛，才意識到夫妻已經八個月沒有做愛了，原來自己太累不想做而拒絕先生的連續行為，將他推到別的女人懷裡了。情急之下，她才決定色誘先生，但是出擊行動全盤失敗，讓她更加傷心難過。

案例二

不知道什麼時候開始，夫妻已經不聊天了，下班後在公婆家吃完飯，把小孩帶回家後，珍珍母子在臥房看連續劇，先生則在客廳一邊看體育台一邊上網。某晚，當婆婆婉轉地告訴他，不管先生說什麼，長輩都會支持她，她才覺得不對勁，當晚就收到簡訊：「我們離婚吧！我們沒有交集，缺乏激情，我很痛苦。」珍珍頓時如五雷轟頂，「怎麼會這樣，我做錯了什麼？」

婆婆告訴哭泣的珍珍：「聽說這兩年來，你們同住一屋卻是各過各的，妳忙妳的考試，他忙他的生意，連晚上都沒睡在一起了？」珍珍才發現平靜無波的生活原來是風暴的前兆。小孩出生前三個月就已沒行房，生完小孩後因雙人床不大，容不了三個人，丈夫就去睡客房，一睡近兩年，以為他也跟自己一樣累到沒需求，而兩人之間又從不說性事，現在居然產生婚姻危機而不自知，珍珍懊惱極了。

她當機立斷，立刻去買了小孩床，擺在床與衣櫃的空間，使得房中幾乎沒有走道的空隙，又買了先生愛吃的水果切成美麗拼盤，早早把孩子哄睡，換上新婚時穿的薄紗睡衣，囁嚅地開口：「要不要進來睡？」先生連房門都未踏進，一頭鑽進自己的房間。過了十分鐘，沮喪生氣的珍珍收到一通簡訊：「我不想碰你，也不想被你碰。」她真的大受傷！

性固然重要，但愛仍舊是性的根基

以上兩個案例的共同點就是夫妻間長久沒有性生活，妻子試圖補救，卻有自取其辱之感。妻子們的用意甚佳，但性事不像考試，考不及格可以補考，有時補考的分數還得打八折，而性與愛是不可分割的，就是因為長時間身心疏離才演變成不互相碰觸及交合。丈夫不是沒有性慾，而是不想找妻子行房，平常就沒什麼話講，理念不同，個性不合，婚姻生活無共識，對妻子就越來越「性」趣缺缺，不是自行解決，就是向外尋求慰藉，當然也就傷害了妻子，危及婚姻與家庭。

兩位女案主的做法比較像是「頭痛醫頭、腳痛醫腳」，性固然重要，但愛在婚姻中是性的根基。男人在外逢場作戲、一夜風流可以沒有愛，是純「性」，但在家中則需要有親密互動，才會有心理的親密感，進而渴望與妻子在床上纏綿，獲得身心滿足。其實妻子的身心需求也是相同的，但很多年輕的妻子，尤其是初為人母時，一邊要工作一邊學習照顧小孩，若碰上以工作為主、整天在外的先生，她的確是格外辛苦。每天晚上忙完已是精疲力竭，倒頭就睡，不要說性愛，連兩人好好聊天都沒時間、沒體力了。

案例一的丈夫碰到教育理念相近、日常生活又氣味相投的女家長，兩人在一起有說不完的話題，當然也就由用餐、出遊，最後上床。當他的心身都在情人身上時，便覺得與美美很疏離、很陌生，已經養成對睡在身旁的女人不動慾（且他已在外獲得滿足）的訓練，即便是美美裸裎色誘，他仍是毫無胃口。其實，基本上他還是愛妻子小孩的，只是他欠缺得太多了，外遇之於他如久旱逢甘霖，暫時身心止渴，等到激情過後，各人還是得回到各自的家。

美美的婚姻其實是有救的，丈夫並沒有想要放棄婚姻，只是兩個人暫時卡住了，而美美有自覺，想要補救，但她的著力點用錯了，她沒有看到真正的問題。在經過婚姻諮商後，她才瞭解問題源自於夫妻倆對孩子的教育方式，自己獨斷專行不肯溝通，且對孩子太寵，丈夫以自己的方式疼愛孩子、教育他，全被美美否定掉，到後來丈夫懶得與她溝通，教育小孩的話題不再出現於兩人之間，談情說愛也消失了，性生活當然也停止了，因此她可以以教育小孩為著力點，與先生達成共識，則孩子可以成為潤滑劑，重新連結兩人的感情。

案例二的丈夫可能早就感覺個性不合卻不想說出來，想辦法協調，等到孩子出生後，他為了讓母子安睡，搬到客房，而珍珍也認為丈夫睡客房不被孩子吵鬧，可以充分休息，沒想到客房到臥房的距離會隨著時間變得如此遙遠。珍珍的婚姻問題較為複雜，丈夫在不說、不溝通、不努力的狀況下提出離婚，她卻以買小孩床及說一句邀請的話來補救，沒有看到危機重重，婚姻中只剩下她一廂情願認定的愛了。與婚姻諮商師談過好幾次，珍珍才看到婚姻危機中許多大小問題，性生活只是其中的一部分，她更為著急擔心，透過公婆施壓，先生才勉強與她一起去做婚姻諮商，但先生去意已決，只是數落珍珍的不是，珍珍怨恨他的不肯溝通，也瞭解丈夫已不再愛她，且個性無法共同生活，她也不想繼續待在沒有尊嚴的婚姻生活中，痛苦地接受了好聚好散的結局。

18 丈夫出軌，性愛能否喚他回頭？

婚姻中必有不滿足，丈夫們才會向外發展，絕不光是性的問題。

七年之癢的警言，中外皆然，但並非一定七年就會發作。然而七年的婚姻若未能保持戀愛的激情與堅固的愛情，生活中的繁雜瑣事，如工作壓力、家務及小孩，往往使得日復一日的家庭生活逐漸趨於平淡，當有一方不能滿足於現狀，但又不忍傷害對方時，就可能會向外尋求慰藉。

一般而言，男性外遇的比例遠高於女性，世界級的球星、美國的總統候選人、台灣的立委、影劇圈名人、白領階級、藍領階級，不分行業及國籍，古今皆然。丈夫不論是長期外遇（交女朋友或養情婦）或短期外遇（逢場作戲，玩玩罷了），對於妻子而言，均為嚴重的傷害。且經常都因為被傷得太深，而無法理性面對丈夫來共同處理殘缺的關係與搖搖欲墜的婚姻，尤其在性生活方面，每個妻子反應不一，有人反而因不當反應而更受傷，關係也很難好轉。

案例一

當文英在丈夫手機內看到情話綿綿的簡訊，才恍然大悟為什麼這半年來兩人性生活減少到每個月兩次。有時故意撩撥他，丈夫總是說累或隔天一早要開會，要她自己DIY。想起新婚時，他可是一夜三次郎，兩人也經常互相手交及口交，性愛生活活潑激盪。

暗自飲泣之餘，她決定先不動聲色暗中觀察丈夫的外遇情形。隔天晚上丈夫展開每月的例行求歡，文英明明很想念，很需要先生的滋潤，但一想到他有小三，突然一陣嫌惡，覺得他的陰莖很骯髒，不能讓它進去。猛然翻身站起來開始哭泣，邊哭邊罵噁心齷齪。

冷戰三天後，丈夫以做愛手段求和，說遲早會和小三分手，然而文英的身體已經跟她的心一樣封閉了，再也容不下丈夫。小有潔癖的她，三個月後帶著女兒離開婚姻。

案例二

兒子生下來就輕度智障，怡君心疼他保護他，且隨著他長大，陪伴他及與之互動的時間也越久，平日冷落丈夫，夜晚也因太累而經常拒絕行房。兒子讀小一時，怡君幾乎每天都去學校問老師孩子一天的表現，丈夫在校門口等待時與另一智障兒母親聊天，一聊之下，甚為佩服她照顧孩子及對待家人的方式，越談越投機。三個月後成了男女朋友。

當怡君知悉丈夫出軌後，立刻反求諸己，丈夫已一年多未行房，當然不能怪他。於是她去買薄紗睡衣、噴上香水、靠近丈夫以身體磨蹭，並伸手撫摸丈夫的命根子，沒想到丈夫將她的手撥開，還把她的身體推開，冷冷地問，「妳想做什麼？」怡君好受傷，又不敢向人說，憋在心裡都快得憂鬱症了。

案例三

性對於淑玲本來就可有可無，那是因為男人需要，她才有求有應，偶爾也會拒絕，總是不理解為何丈夫樂此不疲。直到有一天在丈夫車裡的儀表板小格子內發現一小盒保險套，才知道他交了女朋友。

個性強悍的她，此後每晚裸體爬到先生身上，用口用手極盡挑逗，先生從未見太太如此「飢渴」，也被撩起，熱情行事，淑玲卻像在做工一樣，努力完事。有時淑玲是在半夜先生熟睡時主動進攻，他也就迷迷糊糊地與之燕好。除了「肥水不落外人田」的策略外，淑玲每天在丈夫下班回家後，命令先生在臥房脫下內褲，檢查是否有精液的殘留或味道，否則就大吵大鬧。

半年後先生受不了盤查與詰問，提出離婚，與女友雙宿雙飛了。

外遇風暴後可尋求婚姻諮商，以重建信任、恢復性愛

外遇是不忠的行為，當然是不對的，姑且不論外遇之前的婚姻狀況如何，或外遇的原因為何，有一個不變的真理就是：夫妻感情好，性生活必活潑。而許多妻子在未知曉丈夫有外遇之前，覺得性生活還可以，但只要獲悉丈夫與別

的女人有染，做愛的心情及感官感覺就完全不一樣了。

文英痛恨丈夫的背叛，不甘自己的美好性愛換到小三身上，腦中老浮現丈夫在女友身上動作的模樣，她嫌惡、唾棄，以致造成自己對做愛反胃。本來不想讓丈夫碰觸也是受害妻子的正常心理，但她抗拒，推開先生並大罵先生骯髒，過度的負面情緒，無法婉言拒絕做愛，就真的把丈夫向外推，推到小三的懷裡了。

性生活有問題當然也可能是導致配偶外遇的原因之一。怡君有自覺肯改進原是好事，但她的作法有點像是「頭痛醫頭，腳痛醫腳」，夫妻久未做愛已無親密感，突然要身體相接交合，她自己其實是既勉強又尷尬，而丈夫的身心都在外遇對象身上，乃像刺蝟般展開防衛，令怡君有自取其辱之感，關係就因此而凍僵了。

淑玲夫婦雖有行房，卻因她的不熱衷而缺乏靈肉合一的親密感，她總覺得性愛像吃飯一樣，只要餵飽了即可。然後又本著肥水不落外人田的方式來「滿足」先生，意圖防堵婚外性，再加上嚴格把關，這種「問題解決導向」的方法與怡君獻身類似，沒看到性生活背後是要以伴侶關係及日常生活互動的親密感為基礎，光從「性」來解決，反而易收到反效果。

婚姻中必有不滿足，丈夫們才會向外發展，絕不光是性的問題，但丈夫與別的女人有性行為，太太們如五雷轟頂難以忍受，害怕萬分，就會開始在性愛方面鑽牛角尖，也就無法理智地回顧婚姻關係，心平氣和地與丈夫談判，力挽婚姻。其實這些丈夫只是被外遇沖昏了頭，並未想要拋妻棄家，如果妻子們覺得婚姻整體而言是值得存在的，願意原諒丈夫，給自己及丈夫一個機會，最好能邀約他一起去做婚姻諮商，才能在外遇風暴後重建信任，恢復性愛。

19「性」福溝通術

性事對於夫妻關係如水上行舟，能夠載舟也可以覆舟，絕對需要慎重以對。

性，在東方夫妻/伴侶間一直是敏感議題，但往往也是導致外遇或是離婚的主要因素之一。

伴侶之間的性問題到底有哪些？應該怎麼面對和處理？其實任何與性有關的事情都足以影響夫妻的親密關係，包括接吻、愛撫及性愛，每一階段均涵蓋許多小細節，任何一個動作或狀態，都有可能造成當事者各自不同的感受或是解讀，導致產生誤會，造成疏離。

性生活缺了一角

美美談戀愛時很享受與志遠的親熱，但她受不了志遠的舌頭在她嘴裡胡亂攪動，有一天她終於忍受不住把志遠推開：「你真的很不會接吻耶！」此後志遠再也不親吻她了，直接進入擁抱與愛撫。結婚後兩個人什麼動作都有，就是沒有接吻。

周末他們去看電影，愛情片少不了男女主角激吻的場面，美美憧憬著那種嘴唇相接舌頭相纏，一股暖流流通全身的感覺。她偷偷瞄一下目不轉睛盯著大銀幕的丈夫，心想：「你為什麼就那麼不會接吻呀。」暗自哀嘆著自己的性生活好像缺了一角。

文明婚前經常和柳英在公園裡親熱，柳英總是順從地配合，從一壘到三壘，搞得兩人身心激盪且意猶未盡。婚後文明才發現，柳英原來是如此矜持與被動，每一次都是由他主導全程。只是，文明的生理積壓有出口，但他卻從來不知道柳英到底是怎樣的感受。

桂月回想婚前的親熱，總會和林超找地方找時間卿卿我我。如今結婚三年了，林超還是像以前一樣，親吻加上三點式的愛撫，然後很快就長驅直入。桂月當然努力配合，只是有時還沒有被完全激發，林超卻已經完事，讓她悵然若有所失。

小問題釀成夫妻關係無法收拾的災難

性困擾在婚姻問題中何其多，只是，閨房事本來就不足為外人道，何況又是性問題，只要有一點點不能配合，彼此又沒能好好溝通討論，時間一久，小問題就會釀成夫妻關係無法收拾的災難。唯有雙方正視此問題，並且一起處理，親密關係才能恢復，美好性愛才得以實踐。

談戀愛是兩個人的事，做愛做的事當然也是兩個人的事，不論出了什麼狀況、問題出在誰身上，伴侶之間都不應該彼此責備，而是要接納問題，有共識地一起溝通、解決。

第一步就是要開口討論。可以上網或看書、找資料來討論，也可以找性諮商師/性治療師談談，這些人都受過專業訓練，結合性教育、性學與性諮商的專業知識，足夠協助案主解決問題。這就是為什麼美國近十年來性治療診所愈來愈多，甚至還有性教練提供相關服務，儘管收費昂貴，但是上門的客戶還真不少。

愛做對了，才能夠澈底燃燒

再回過頭來看看上述的三個案例吧。

熱吻當下把男友推開，並且嫌他不懂得接吻，這是多麼殺風景又傷人的舉動。美美對接吻的不快由來已久，忍著忍著，忍到極點就爆發了，卻因為太在意自己的感覺，沒有顧慮到志遠的面子及感受。志遠並未因此生氣，是因為他喜歡整體的美美，也知道兩人相處免不了會有一些小衝突，所以繼續戀愛，而後結婚。只是，他再也不敢去碰美美的嘴唇了，只是不知他是自知吻功拙劣，還是害怕再次被拒絕，或者為了懲罰美美，從此不再親吻她。

如果當初美美婉言：「我們都缺乏接吻經驗，書上說不要那麼衝動和用力，而是一點一點地探索，用心感受兩舌交纏的感覺，會有不一樣的感受。我們來試試看好不好？」表面上是在邀約練習吻功，其實是希望改正男友的接吻技巧。這樣一來，聽在男友耳裡，至少會認為是要追求更佳的接吻效果，對男人來說，焉有不試的道理？

柳英不是沒有性慾，她之所以採取被動，是因為家庭教育和傳統性別角色的觀念使然，例如：女生就是要當個淑女、做愛時女生不可以主動、親熱時只能有動作不適合說話、男人想要時就必須滿足對方等等。文明不見得沒有性別角色的迷思，但是在愛撫或性交的當下，他希望對方是跟他一樣熱情奔放，是個願意先付出而後享受的伴侶，只是他苦於不知如何表達心聲，更不清楚柳英的感受到底是什麼？

愛要怎麼做，不單憑感覺，更需要說出口

不知者無罪，不過柳英還是需要被告知及被教導，跟自己所愛的人進行親密行為時就是要放開自己，要忠於身體的感覺，要主動出擊及配合對方。而這就是為夫者的責任了，有了性溝通，雙方才能夠更加瞭解彼此的身體及感官需求，也比較容易進入狀況，讓彼此都滿意。

夫妻的性事出了問題，沒有信心的一方往往會認為自己是罪魁禍首。像是桂月，她愈有罪惡感就愈想要裝得沒事，讓丈夫以為性生活還是激盪愉悅，可是受害的卻是她自己。

其實要解決桂月的問題很簡單，夫妻共睡一床，隨時可以親熱，不必三點式的愛撫後就急著進去。桂月的心情輕鬆、肉體也有期待，很想要慢火煲情慾，如果林超可以做地毯式的愛撫，碰觸親吻她全身每一吋肌膚，再加上重點關注，桂月必會慾火焚身而達到高潮。

很多問題，真正的困難點在於夫妻雙方均不知道問題出在哪，就算知道了，妻子也不曉得該如何與丈夫溝通，同時丈夫也不知道自己該怎麼做，此時，性諮商就是最好的資源與支援了。

夫妻絕對是最親密的伴侶，但有時因為太過親密，沒有了距離，以致兩人之間說話很隨便，不經意便出口傷人。此外，性的親密有時也可能造成兩人的距離變遠，有話不敢說；過之或不及，都會傷害情感關係。即使兩個人再談得來，碰到敏感議題，常常會因為焦慮害怕而不敢說出口，或是口拙，不知如何表達。因此，說話要學習技巧，溝通要有學問，不過，基本原則還是要忠於自己的感覺，以委婉的口氣與中性字眼來傳達自我感受及需求，同時也要認真傾聽對方的內心話。學習親密溝通永遠不會太遲，且必會終生受用。

20 懷孕時依舊可以「愛」個夠

許多懷孕夫妻因性生活的減少或停止，連帶心理方面的連結也逐漸疏離。

現代人自由戀愛，可選擇伴侶，可選擇單身或結婚的生活方式，亦可決定是否生小孩以及生育的數目。只是，愈來愈多的夫妻選擇當頂客族或只生一個小孩，促使臺灣社會邁向少子化，政府也開始訂定各種優惠或補助計劃，鼓勵民眾多生育，國家才能多菁英，高齡族群得以安養。

對孕期性愛有錯誤迷思，很容易變成無性伴侶

懷孕對新婚夫妻而言，的確是大事，不論是新婚懷孕或三年計劃，從兩人

世界到一家三口，從甜蜜伴侶變成準父母，有失落也有期盼，但大都是以歡欣的心情昭告諸親友，然後開始產檢、閱讀新手父母手冊，對彼此的關注也會漸漸轉移到腹中的胎兒。

很多女性懷孕與害喜時，丈夫通常是小心翼翼呵護著，出門接送、體貼照顧，娘家婆家則再三叮嚀要注意營養、保健身體，切不可提重物或四處亂跑，婆婆更會明示暗示，前三個月最好避免行房，以防動了胎氣。

其實華人文化對孕婦的關注是有點過了頭，除非有流產經驗或跡象，醫生叮嚀要小心，一般孕婦還是可以做些不激烈的運動，如散步及游泳。至於做愛一事，則很少被討論，只有被問及時，醫生才會回答。

夫妻伴侶自初次性行為開始，往往是光做不談，直到妻子懷孕，會因有所顧忌而開始拒絕丈夫的求歡，而丈夫也許會強忍或是不悅，雙方還是很少將性事搬到檯面上討論，加上對懷孕期的性愛有錯誤的迷思，很容易變成無性伴侶，也容易產生誤解。妻子會覺得丈夫無法同理其心情、不夠體貼，而丈夫則以為太太因為懷孕而無性慾，兩方因性生活的減少或停止，連心理方面的性連結也逐漸疏離。

夫妻性生活不和諧，在婚姻關係中本來就是大問題，而懷孕期間的性生活可大可小，小者只要雙方有共識便可以處理，大者可能導致外遇，引爆婚姻危機。

懷胎十月，性生活的大考驗

小芳本來性生活美滿，懷孕初期她害喜嚴重，毫無性慾，婆婆又叮嚀「劇烈運動」會動了胎氣。她總是對先生曉以大義，以腹中寶寶為重。孩子出生後，小芳回娘家坐月子。兩個月後返家時才聽鄰居說丈夫與一名女性出入頻繁，怪不得坐完月子後的再度親密，丈夫並無久旱逢甘霖的反應。小芳甚為生氣：「我生小孩受苦，難道就該受此懲罰？」

的確，懷胎十月為何還要受丈夫出軌的懲罰？丈夫的行為固然不對，但問題出在夫妻兩人性的互動上。當丈夫憋太久或憋不住，性驅力超越理性時，妻子就得同理丈夫的需求，一起在雙方都能接受的範圍內維持某種程度的性生活。

一般夫妻都自生理的角度來適應懷孕、等待生產，很少人知道懷孕期間的性生活是屬於性諮商的領域，而性諮商師的功能包括：

1. 教導伴侶的性溝通：瞭解彼此對性愛的觀念、說出本身的欲望及渴望程度、學習以口語表達感情及關心。

2. 提供正確的性資訊：協助調適性生活，由夫妻討論以何種方式來解決性需求。

3. 陪同觀賞並解說懷孕夫妻做愛影片：夫妻可依照影片中的示範，學習在不同的懷孕月份（孕婦腹部隆起大小）時的性愛姿勢。

4. 檢討家庭作業：夫妻依影片示範，回家練習諮商師設計的家庭作業，一起探索孕婦最舒適、最適合彼此的性愛姿勢，再與性諮商師分享結果，討論得失利弊。

帶「球」也能享受有品質的性生活

以下為阿美的問題，她前來做性諮商：

懷孕六個月後就很不想做愛，丈夫卻堅持每星期至少一次。他主動且強而有力，我只好順從。我拜託他不要在裡面射精，以免讓我的子宮收縮造成身體不適，他嘴裡說好，卻還是我行我素，造成事後我的子宮真的很不舒服。很氣他的自私，為了自己的舒服卻不管我的身心感受。與他理論，他卻嗤之以鼻，說我是心理作用，做愛只會舒服怎麼會不適。其實我懷孕後的行房都沒有高潮，他都不知道，唉！

既然懷孕前性生活美滿，就表示兩人在做愛一事能配合，有共同享受美好性生活的能力，而目前的狀況就是夫妻無法配合，且未能培養化解衝突的能力。一方想做，另一方不想，造成關係與心理衝突。若無法解決則誤解叢生、關係生變，想要恢復美滿性生活就很不容易了。

先生的表現是比較顧自己，這是因為他很想做愛，事前他箭在弦上只想達陣，敷衍說「好」，事後他有如洩了氣的皮球，想要好好休息，妻子卻找他理論，他的態度自然不佳。所以，日常生活瑣事溝通也好，性溝通也好，都要找對方心情好的時機點進行，才能奏效。

懷孕六個月，肚子凸出、行動不若以往輕盈、易累、性慾降低，勉強行房時會因擔心壓迫腹部，也不想先生射精在體內而分心，或者因為想達到高潮而有操作焦慮。因此，如果真的不想行房，不妨以替代方式，如口交或手交，或者和顏悅色地要求他以自慰取代。

同時，利用平日互動良好時好好告訴先生，懷孕期間子宮收縮真的會很不舒服，如果做完愛後感覺良好，下次就會更期盼，但現在是非常時期，挺著肚子行房就不像從前了，要小心翼翼，自己已經盡量配合先生，所以也希望先生能體諒。

做愛是兩個人的事，一定要顧及雙方的需求及感受

妻子懷孕期間先生應懂得溫存，語言及肢體的愛撫，亦即前戲最重要，先讓妻子自心理產生身體相依相合的欲念，再經過細膩的全身愛撫，讓情慾升高，然後小心翼翼地與妻子一邊溝通一邊調整至她最舒服的姿勢及步調，這樣的做愛才會有品質及功能。

很多妻子會以不自然的呻吟來假裝高潮；有些妻子未能高潮，但為了怕傷

害丈夫的自尊而隱忍不說；也有人因為不喜歡做愛，只想早早結束。做愛是兩個人的事，一定要顧及雙方的需求及感受，也要坦誠地進行溝通，說出自己的困擾，一起化解問題。幫助對方就是幫助自己。

婦產科或家醫科醫師若能修習性諮商相關課程，便有能力與懷孕夫妻談「性」說「愛」，或直接轉介給性諮商師，有問題及早處理，夫妻就不會產生誤解，也可以解除因懷孕所造成的婚姻危機。

婆媳過招

21 婆媳問題無關距離

只要是關係出問題，都牽涉人與人之間的相處，相處太多易起摩擦，相處太少常生誤解。

二十年前的婚姻研究中，導致婚姻解組的第四大主因是姻親關係，如公婆/媳婦、姑嫂、妯娌或叔嫂、岳婿等的相處，因為當時很多家庭住的是透天厝，三代同堂，雖住在不同的樓層，吃飯起居及家務卻是息息相關，容易起摩擦。然而今日台灣社會，許多已婚子女自組小家庭，沒有跟婆家住在一起，姻親互動減少，人際問題自然減少，但比較常見的還是婆媳問題。

自古以來，「婆婆」給媳婦的刻板印象就是「囉嗦」、「管太多」，而且現代年輕人多半不喜歡跟長輩長時間相處，有可能兒子本身就不想再聽父母嘮叨，媳婦難免會受影響，越少互動越好。好在父母都明理，孩子大了有自己的生活，要出去自己住就出去住吧，只是忍不住還是常想去探望他們及看看他們生活的環境，就常有父母喜歡做不速之客，引起兒子媳婦的不快，而且屢「告誡」不聽。

小家庭的缺點就是人手不夠，尤其是雙生涯家庭，因此有了小孩後不是找婆婆、就是找娘家母親幫忙照顧，到底還是自己家人可以信任。有的婆婆像上班一樣，每天到兒子家幫忙，也有兒子每天將小孩送到父母家託帶。照理說，一個願打一個願挨，兩廂情願，且有共同目標疼愛小孫子，應是客客氣氣、開開心心才對，但是婆婆好心幫忙，卻不一定得到兒子媳婦的感激。王太太的情況就是一個例子，且聽聽她的心聲。

案例一 好兒子怎麼結婚後變樣？

本來兩個孫子由我和先生幫忙帶，說好每晚十點來接，兒子媳婦卻常拖到十一點，由於晚睡對小孩不好，常被我唸，搞得不太愉快。一年多前他們接回孩子，從此對我們不聞不問，打電話不接，煮東西給他們送過去也只能放在警衛室，打電話到兒子公司，推說工作忙且彼此生活習慣不同，最好少接觸才不會有摩擦。一年多來從未請安，我和先生也看不到孫子，我很痛苦，他們的房子還是我們幫忙出錢買的，有朋友說問題出在媳婦身上，但兒子是我生的，怎麼會這樣？我該各自找他們說嗎？談些什麼？

兒子自小到大都是王太太的好兒子，結婚後幾年與父母的關係也還好，才會放心地將孩子放在父母家一整天，通常是下班後就應把小孩接回家，夫妻輪流帶。兩老從早帶到晚上十點就夠辛苦了，居然拖到十一點才來接，兒子媳婦不知感恩體恤，還因被唸而感到不悅，種下日後不相往來的因子。

父母應最了解自己的兒子，如果他沒有理由就此變成對父母不聞不問，很可能是受到太太的影響。也許他婚後以妻子為重，專心致力於小家庭的經營，沒有餘力及時間去問候父母、回饋父母，也不想聽父母嘮叨，或者他受到妻子的壓力，不准與父母來往，為了息事寧人，只好壓抑親情，暫時不與父母來往。

問題不論是出在誰身上，兒子媳婦這樣做真的太反常太不近人情了，雖說生活習慣不同，本來就沒住在一起，偶爾探望父母，大家客客氣氣又怎會起磨擦？蓄意阻隔祖孫情，剝奪孩子與爺爺奶奶相處是很殘酷的事，且為人子平日若因工作忙沒時間回家探望，舉手之勞打個電話問候乃是人之常情，夫妻倆居然同心一致不接電話不肯見面，罔顧兩老思念，還真是鐵石心腸。

王氏夫妻不應受這種待遇，兒子已經迷失了，怨他或媳婦都沒有用。事情發生才一年多，也許過幾年或等到他自己的孩子長大結婚時，他會醒悟自己翅膀長硬後是如何對待父母的。天下父母心，王氏夫妻的痛苦免不了，但想開些，兒子一家子過得好，父母就沒有後顧之憂。媽媽傷心也沒用，倒不如和先生兩人好好過日子享受人生，但是內心可以永遠敞開，等待兒子倦鳥歸巢。老夫妻真的不用去羨慕別人家祖孫三代團圓，而是要盡量接納家家有本難念的經的事實，調整心態，只要兒子一家過得好，自己就安心。

案例二　婆婆一場病，攪得生活大亂

另外一個例子則是李太太的心聲。婆媳一個在北一個在南，本來相安無事，卻因婆婆一場病，她覺得生活被攪亂了，心情也焦慮不安。

婆婆生病開刀，我先生趕去高雄不眠不休地陪了兩天，現在她已出院，很虛弱。她要我先生再回家照顧她幾天，然後陪她回醫院複診。她丈夫也才七十歲，而她兩個姊姊也都住附近，為什麼一定要找兒子？

婆婆到底有沒想到她的生病帶給我們家多大的壓力？平日我在家照顧三個孩子，丈夫下班後幫忙家務，一家樂融融。而現在先生為了南下照顧她，高鐵往返頗費錢，且他一去就好幾天，請假公司會扣錢，家中收入減少，我自己也忙不過來。而且最令我不悅的是，婆婆問都沒問就要她兒子南下，請問我該怎麼辦？

沒有人想要生病，但人都有生病之時，李太太對於婆婆生病缺乏同理心，盡是不滿且焦慮，有點反應過度，丈夫不在幾天她就忙不過來，乃怪罪婆婆勞役她的丈夫。當然，如果婆婆能先知會李太太，她大概也會勉強同意丈夫去照顧她，至少她心裡會舒服些。然而，說實話，婆婆真的需要經得媳婦允許讓兒子去照顧她嗎？李先生並無怨言，他是義不容辭的，心甘情願地趕回去陪母親，他的擔心絕不亞於他的父親，一心只希望母親早日康復。同樣地，若有一天李太太母親重病需要她回娘家照顧幾天，需要李先生的准許嗎？

婚姻中有許多事情是難以預期的，婆婆生病需要人手，她先生年紀比她大，兩個姐姐年紀必定也不小了，一個年輕人可以抵兩個老年人用，且她病中思念兒子，才會徵召他回家服務，這是為人子表現孝心的好機會，為妻者應替先生高興才對。李太太若能同理他支持他，他會很感激的，以後娘家父母年紀大需要幫手時，先生必定會與妻子一起孝順他們。

其實這是一個機會，丈夫不在家好幾天，李太太可以試著單獨攬下照顧孩子及家務工作，學習獨立處理事情，也是自我成長。而且小別勝新婚，雙人床獨眠思念丈夫，他回來後絕不怨聲載道，妻子可多聊天詢問婆婆狀況，傾訴相思情，必能提升夫妻感情，增添甜蜜。

因此李太太應學習以愛屋及烏之心關心婆婆，遙寄關切情，並以平常心來面對先生不在家的必要性及暫時性，盡量消除負面情緒，心情放輕鬆，家中該做的事一件一件慢慢完成，壓力就會減低，而且一回生二回熟，慢慢地李太太就會習慣獨當一面照顧家庭了。

三方和平共存，日子才能過得自在

只要是關係出問題，都牽涉人與人之間的相處，相處太多易起摩擦，相處太少常生誤解。以上兩個案例的問題均源自於相處不足或無相處，雙方的瞭解不夠，媳婦只看到婆婆帶給她的不悅或不便，沒有設身處地為長輩著想，她的生活、她的心態、她的母子連心。其實如果李太太能同理婆婆的情緒，就很容易打進她的心，連結兩人關係，丈夫也省得兩邊安撫，心力交瘁。

婆媳問題中的抱怨，不論是婆對媳或媳對婆，很少聽到抱怨兒子或丈夫的。王太太只是不解兒子的無情，寧可相信是媳婦教唆的，而李太太則一副衛護先生福祉的姿態，大部分的兒子／丈夫，在兩個女人的戰爭下還是過得好好的。其實他們才是必要的潤滑劑，兩邊都說說好話，一樣的話，有建設性的話，不偏袒任何一方，母親和媳婦聽久了聽多了也就聽進去了，了解兒子／丈夫就是這麼一個有原則的人，她們就會逐漸得到教育與薰陶，瞭解到對方不是要搶兒子／丈夫，而是要三方和平共存，日子才能過得自在。

22 媳婦果真難為

對長輩絕不能以硬碰硬，因為修補關係比建立關係要多花一倍以上的心力。

A女心聲

結婚一年半，我認為雙薪家庭應該是夫妻一起動手，包括煮飯。但我一下班，婆婆就要我炒她已洗好切好的菜，我心裡無法接受。只是，若我吃婆婆煮的菜會覺得怪怪的，吃自己煮的又悶到不行。總之，晚飯時刻是我最害怕面對的。

已出嫁的小姑因公司在附近，每天中午會回娘家吃飯，婆婆都親自料理。

昨天我休假，婆婆正在準備午飯，忽然小姑一通電話說不回來吃，她便改成叫我煮。那瞬間忽然覺得女兒跟媳婦真的差這麼多嗎？

到底煮不煮飯？心態上我該如何真心接受與釋懷呢？或是一輩子都佯稱要加班晚回家，卻是漫無目的在外亂晃，像無家可歸的小孩。問題是，我也在工作賺錢，為什麼要過這種生活呢？

B女心聲

結婚六年，和公婆相處得不好。生老二時，曾和公公吵到我離家出走，公婆很生氣，打電話到娘家告狀。

大嫂總愛跟公婆說我壞話，有一次還對我說：「妳先生完全不被父母喜愛，更別說妳這個做媳婦的，所以，就算妳做死公婆也不會疼妳。」

我想離開這個家，我和先生、孩子相處得很快樂，問題出在我和婆家的人完全不合，我怕因此夫妻感情會變差，怕孩子慢慢會不理我（因為公婆對孫子不錯）。我好像有憂鬱症，還有，公婆怪我沒生兒子，所以不管我做得再多再好，都好像是理所當然的。總之，問題說不完，我的壓力真大。

家家有本難唸的媳婦經

以上兩個案例都很簡短，卻道出做媳婦的苦楚。她們不是抱怨，而是擔心自己的福祉及婚姻的穩固。各人的狀況不同，但都與大家庭的人際有關，尤其是公婆／媳婦關係。

這兩位女性都太專注於自己的擔心與焦慮，均未提到丈夫在這些狀況中扮演何種角色，以及他是如何處理公婆／媳婦、妯娌間的相處問題。兩位太太的不快樂並非一時，丈夫難道沒看見、沒感覺到嗎？他又是如何安撫妻子和家人？夫妻感情是否受到影響？

有些兒子，即使長大成人，不管已婚或未婚，只要與父母同住，心態上還是父母的小孩，家中大小事都習慣由父母做主，而他也以為妻子娶進門，一切學他照樣做就不會有問題。問題是，每個媳婦都是獨立的個體，有其成長背景及自己的脾氣，何況人際關係本來就很複雜，從別人家的女兒到變成新娘、新媳婦，再成為資深媳婦，這中間的過程，對於婆媳雙方，均是長時間的學習及考驗，做丈夫的真能置身事外嗎？

嫁進門，就必須換心態、換腦袋

A女為了逃避做飯，下班後故意在外晃蕩，讓婆婆以為她加班晚歸。這是什麼樣的心態？她是真的渴望和先生一起下廚，還是不喜歡婆婆的存在？或者她認為婆婆閒著沒事，直接做好晚飯就好，為何還要等她回去炒菜？不論是什麼原因，她的做法就是有點不成熟，何苦欺騙家人，也懲罰了自己。

雙薪家庭理應夫妻共同分擔家務，誰先下班回到家誰就先準備晚餐。只是目前A女夫婦與公婆同住，先生沿襲婚前的生活模式，家中大小事都由婆婆掌管。而婆婆也視A女為家中一員，將做晚餐的工作分一半由她負責，看來是天經地義，然而對過慣單身生活且結婚未久的A女，很害怕回家跟婆婆擠在廚房。她對於這種表面順從，心裡卻悶到不行的婆媳互動很不自在，經常逃避。

男女婚前已說好婚後住婆家，做妻子的可預見融入夫家的必需性。婆婆買菜洗菜切菜，只要她炒菜上桌及飯後收拾，她如果覺得這些事應該和先生輪流做，就應和先生私下討論，再由他出面與母親協商。話當然要說得好聽，兒子媳婦都願意煮晚餐做家事，只是上班有點累，討論後決定輪流參與，也可以多與母親/婆婆互動。如果小夫妻倆願意一起做飯，讓婆婆休息，也是好方法，就看A女如何與丈夫溝通。

老人家年紀大了難免不那麼想做飯，但一想到出嫁的女兒周間中午能回來，即使短暫相處也很開心，自然會想做些女兒愛吃的菜。接到女兒電話說不回來，那個勁兒就沒了，所以要A女隨便做隨便吃。A女其實不必想太多，婆婆真的把她當家人，把女兒當客人，就算小姑每天回家吃中飯，跟住在家裡還是不一樣。若A女真的不能接受做媳婦的家庭責任，最佳的方式當然是與先生商量，小倆口搬出去自己住。若暫無可能，則應多與先生溝通，抒發心情、順應環境。

婆媳關係有待時間的考驗、證明

B女的情況更複雜。大家庭本來就人多嘴雜，大嫂可能看不慣B女與公婆的不良互動，且因為自己先嫁到夫家，公婆對她較熟悉，自然比較相信她的話。而B女剛結婚就沒把握與公婆的相處之道，隨著孩子出生，互動愈來愈差，她自

然對夫家上下有戒心，只寄情於丈夫及孩子，婆家人也就對她愈不滿。

B女面對誤解及不公平對待，感到非常生氣，甚至與公公吵架、離家出走，殊不知，這樣的行為只會讓婆媳及妯娌關係更加惡化。

家庭關係是互相的，若丈夫的心只向著父母，則夫妻感情有可能受到影響。若是夫妻感情不錯，本著愛屋及烏的心理，B女應該主動要求丈夫幫她化解與公婆的誤會。至於嫂嫂愛挑撥，那就盡量不去招惹她，隨她怎麼說。但是，在夫妻同心一起孝順公婆之前，還需丈夫以兒子的身分常主動向家人說好話，尤其是父子對話，才能化解誤會與積怨，搭起兩代之間良好的溝通橋樑。

最重要的是B女自己的態度要大幅調整，山不轉路轉，對長輩絕不能以硬碰硬，因為修補關係比建立關係要多花一倍以上的心力。保持耐心，陪笑臉說好話，同時也給孩子們做好榜樣。只要是誠懇，出於真心，日子久了，公婆絕對能感覺到媳婦的改變。

反正就是做媳婦該做的事，自己心安也令丈夫心服。老人家愛兒疼孫，慢慢就會改變態度。不過，如果有可能，夫妻最好還是搬出去自己組小家庭，常回婆家探望，大家比較能以禮相待，客客氣氣相處。

A女及B女把生活重心放在夫妻感情及小家庭中，當然沒有錯，但這個小家庭是存在於大家庭中，夫妻關起門來要親熱或吵架都沒關係，但是一走出房門就得與夫家人互動；因此，房裡房外都應呈現原本的自己，將自己融入身處的環境中，也就是真心對待、全心投入，尤其要試著同理公婆的心境，才能打開互動的管道，由不習慣到習慣、到熟悉，再到自然互動，就能夠逐漸被接納，視為自己人。

婚戀學習

23 結婚容易離婚難

夫妻若已是兩個不同世界的人，還是各自在自己的世界中生活，餘生會比較自在。

曾經被記者問道，「二十一世紀的離婚率越來越高，離婚夫妻的年齡是否有降低的趨勢？」她的意思是是否有許多年輕夫妻結婚不久後就離婚。其實離婚與結婚時的年紀並無顯著關係，不論在哪一個年紀結婚，只要是個性不合，無法繼續共同生活，一方或雙方均會想要離婚，只是近年來，婚齡越長的婚姻解組現象有上升的趨勢，亦即四、五十歲才離婚的大有人在。

很多人對此現象頗不以為然，認為都結婚那麼久了，年紀一大把，吵也吵過了，孩子也都成家立業了，還離什麼婚？離了婚孤苦伶仃，豈不是跟自己過不去？因此身旁的人必然勸合不勸離，但是婚姻如人飲水，冷暖自知，只有當事人最清楚自己為什麼要離，而通常知心的成人子女也會默許的。

案例一

張君學問淵博，著作等身，是國內知名的學者，他之所以有今天的成就，可說是拜其夫人所賜。想當年經同事介紹在貿易公司上班的Ａ女，清秀可人且能說善道，張君很快就求婚成功，組織小家庭。有了兒子後，Ａ女在家相夫教子，卻是變得散漫、嘮叨，對金錢及丈夫無安全感，整日胡思亂想。張君逐漸感到不耐，索性躲到研究室埋首研究認真教學，自工作中獲得成就感與快樂。兒子自小就被媽媽管束、叮嚀及疲勞轟炸，常對爸爸說他感覺不到媽媽的愛。

張君心疼兒子，經常以電子郵件打氣勉勵，一家三口雖同住一屋簷下，關係卻是張力十足。兒子高中畢業退伍後就因不想待在家裡而遠赴南部任職公車司機，過年過節一家人還會團聚，而媽媽永遠就是對自己的丈夫跟兒子挑剔與教訓，父子兩人總是以沉默不語來應對。

老天捉弄年輕人，兒子於二十八歲時得了胰臟癌，住院期間他拒絕母親照料，渴望父親的陪伴，張教授乃留職停薪半年竟日相伴。當兒子不敵病魔辭世的那一晚，他覺得整個心都被掏空了，就因為兒子之死，他才有勇氣及決心提出離婚，太太自然是恐慌不依，但張君去意已決，傾其所有，全歸妻子名下，就為了要換得自由之身及往後的清靜生活。

張君在離婚前離婚後都曾去找過婚姻諮商師晤談，他說自己已近六十歲，三十年的怨偶生活已經受夠了，以前因為孩子小，也想給自己、對方及婚姻一個機會，所以一忍再忍。經過婚姻諮商，他才發現這不是誰對誰錯的問題，其實兩人都應該對不快樂的婚姻及功能不良的家庭負責，他也才了解到就是因為自己躲到研究室去，太太沒有人可分享心事及生活，才會越變越煩躁、嘮叨、瑣屑，他本來可以拉她一把的。只是現在說什麼都太遲了，夫妻已是兩個不同世界的人，還是各自在自己的世界中生活，餘生會比較自在些。

因此張君在對自己及婚姻有更多的瞭解之後，還是選擇離婚。在諮商師的鼓勵下，他坦然面對妻子，告訴她「這麼多年來妳都撐下來了，其實妳一個人也可以過得很好，我們是因為不合，由於瞭解而分開，讓我們互相祝福對方吧！」

案例二

王太太在五十歲那年離婚，週遭的人都在猜測，不是她有外遇就是王先生有外遇，但事實只有她自己最清楚，要真正脫離語言/精神虐待，只有離婚一途。

王太太二十八歲那年嫁給王君，先生雖是大男人主義，卻也顧家愛妻認真工作，當個小女人，什麼事都不用操心，她認為這也是一種福氣，直到兩年後，一本日記本改變了她的命運。

王太太原來婚前有個論及婚嫁的飛官男友，交往三年，感情至深，卻不幸在演習時摔機身亡，她寫了一年的日記療傷，每天訴說對他的相思及過去的回憶，然後將之塵封，才決定再交男友開始新生活。王君本來並不介意她曾交過男友，卻是在搬新家後找東西時無意中讀到這本日記有關性愛的部分，醋意轉成怒火，處女情結開始發作，每次跟她行房時就罵她破鞋、賤女人、好色，沒有男人不行，他還越罵越興奮，且非得看著妻子達到高潮才滿意。王太太雖有生理需求，卻不喜歡此種凌辱方式，幾番抗拒只會遭受更羞辱的對待，只得逆來順受並投其所好，因此性生活對她而言，有肉體的歡愉，卻無精神上的滿足與快感，長久下來，形成一種痛苦。

說也奇怪，日常生活中，丈夫在人前人後還是一樣地「愛」她，大男人小女人的互動表面上看起來相安無事，孩子們也都喜愛爸爸，黏著媽媽，一家四口似乎樂融融，但她心中的痛一直擴大。

為了分散注意力，讓自己好過些，她經常上網閱讀相關資訊，也去聽有關性愛婚姻的講座，孩子進大學後她還到一家女性團體擔任志工，參與一些活動。當她把自己與外界連結之後，接觸的人多了，看的事情也不少，啟發她的思考，產生新的自我覺察，對人生的看法開始改觀了。

女兒畢業典禮那天晚上，她在女兒房中聊到午夜，娓娓道來自己的遭遇，奉勸女兒以後找對象要小心謹慎，並告訴女兒她要離婚的決定，女兒淚流滿面地抱住母親，支持她的決定。

經過一番折磨，婚是離成了，卻失去了兒子，因為他並不知道真正的原因，反而站在爸爸這一邊，認為媽媽不顧夫妻情分。王太太堅信有一天兒子若知道真相，必會接納她，但他現在還太年輕，就是知道了也不會瞭解的。

回首二十四年的婚姻，她是多麼地不快樂。丈夫的沙文主義及對她的不尊重，使得她對他的愛逐漸消失，連恩情也沒了，只剩下親情，因為他是孩子的父親，反倒是對已逝男友的思念逐日增加。她氣恨丈夫是兩面人，大家都說他是好男人，但她也覺察到自己亦是兩面人，她把真正的自己隱藏起來，人前出現的是賢妻良母。日子越久，她越想掙脫這種不真實不喜歡的生活，因此耐心地等到老大大學畢業，她才義無反顧地有所行動。

離婚是個里程碑，也是人生的轉捩點

離婚不是壞事也不是好事，它本身是中性的。它之所以成為好事或壞事，是由於當事人因如何看待這件事而受影響。「夫妻本是同林鳥」的諺語並不適用於上述案例中的張君與王太太，基本上夫妻感情基礎鬆散，一方強勢另一方勉強順從，時間一久，基礎腐蝕，只剩空殼，當一方有意求去，婚姻即解組。其實另一方也怨嘆婚姻生活不夠充實與不快樂，卻寧可待在這樣的婚姻中，因為她（他）以為可以主控，認為配偶與家庭都會永遠存在。

以上案例中的張妻及王君雖對配偶的離婚要求感到錯愕，也曾抗拒，但婚姻品質好不好自己心裡有數，一直以為雙方已經陷在婚姻中就會得過且過，這就是自然主義心態，沒想到對方會來離婚這一招。此時才看到提出離婚的伴侶的真面目，如此堅定、絕情、嚴肅、認真，才發現自己從來就沒有真正地瞭解床頭伴，或者說對方已完全變成另外一個自己不認識的人。既然舊情不再，只好悻悻然放手。

五、六十歲才提出離婚，配偶必定去意已決，即使未來是未知、不確定，甚至必須面對孤寂晚年也在所不惜，因為已經忍無可忍，急需突破與改變。人生剩下的時間已經不多，子女也都長大，責任也了了，在婚姻中的付出已夠多，該是為自己活的時候了。因此離婚是個里程碑，也是人生的轉捩點，終於可以做自己，離婚心更寬，從此海闊天空，追求新的人生。

24 新婚考驗

新婚階段是適應期，浪漫與現實交會，個性原貌與生活習慣逐一呈現，都需要新婚兩人足夠的愛心與耐心，去面對可能發生的狀況。

案例一

芝英三十歲時嫁給大她兩歲的克明。她是航空公司地勤人員，他是汽車銷售員，彼此相互吸引，互動愉快，交往半年就決定結婚，並與公婆同住。

蜜月旅行結束後，克明生意忙，早晚不見人影，芝英每次值完晚班，總希望白天可以休息或與友人約會，但婆婆總是急著傳授江浙菜手藝。殊不知，芝英從不進廚房，自小備受呵護的她，只切過水果，對烹飪也毫無興趣。

原以為丈夫會尊重她的興趣及意願，沒想到克明骨子裡是大男人，認為女人結了婚就該做家事，而且還必須親手做羹湯。因為愛克明，芝英勉強自己進廚房，但因興趣缺缺，只能一個指令一個動作，無法用心也不想投入，做出來的東西當然被婆婆嫌。克明在媽媽多次的嘮叨下，開始對芝英的表現感到不滿，甚至罵她笨、沒慧根。

經常看不到先生、無法充分補眠、面對婆婆的期待和諸多要求……，芝英終於提出搬出去另立愛巢的要求，沒想到克明勃然大怒，認為芝英自私，不在乎家庭關係的經營，自此，兩人關係逐漸惡化。

芝英知道丈夫愛她，婆婆對她也不薄，只是丈夫不瞭解她的喜惡及需求，硬要將她塞入他習慣的生活框架中。不被尊重、沒有自我空間，讓芝英覺得很痛苦，感覺自己像一朵逐漸枯萎的花。忍耐了十一個月，她終於提出離婚要求，沒想到克明毫不遲疑地答應了，婆婆也沒慰留。

婚姻認知，不容半顆沙粒

這起事件，看起來是婆媳問題，其實是新婚夫妻的個性差距，以及對婚姻的認知差異。芝英與克明各自對婚姻的期待太過理想化，以為愛情可以克服一切，事實上，他們的愛情基礎並不深厚，只因為有結婚的共同目標，卻忽略了個性問題、代間關係、家庭生活與休閒活動、角色轉換及原生家庭等重要議題的溝通，以致婚後才發現對方似乎不屬於自己婚姻藍圖裡的人。

克明不懂得欣賞、尊重芝英，只看到她不喜歡做菜、不愛接近婆婆，便將這一切解讀成她變了，刻意處處抗拒他及他的家人，卻不去理解芝英所有的逃避皆來自於婆家及婆婆的壓力。

而芝英也覺得克明婚前婚後判若兩人，戀愛時再忙也會擠出時間約會，婚後卻顧客至上，丟下她一個人面對一切。她擔心害怕以後的日子都要這樣過，於是一心想要掙脫這種充滿恐懼和壓力的生活。

案例二

結婚以來，無論春梅下多少決心忍受痛楚，親熱時她還是無法和先生成功行房。先生文宏一再忍耐又忍耐、等待又等待，戀愛時原以為春梅是家教嚴

謹，嚴禁婚前性交，因此強忍下來，期待著新婚之夜的來臨。

其實，早在之前春梅與前任男友親熱時她就發現，只要開始親密的性行為，她的陰道口就會緊縮痙攣，產生強烈不舒服的感受，讓她不由自主地將男友推開。男友總以為春梅是抗拒婚前性關係，以及害怕初次行房的痛楚，而春梅也就順勢回拒了男友一次次婚前性關係的邀約。四個月後男友劈腿了，春梅於是安慰自己，男友是因為自己不願意發生婚前性行為而劈腿，這種人不要也罷！

同樣的情形再次發生在她與文宏的交往中。每當兩人有親密行為，溫柔體貼的文宏只要春梅一害怕或喊痛，便會停止，轉而以替代方式收場。只是，沒想到婚後八個月狀況依然如此。文宏也曾陪同春梅看過婦產科，女醫生說生理上沒問題，只開了潤滑劑給他們使用；但是，情況依舊。一段時間後，春梅開始對自己的「不能」自怨、自哀、自責、自憐起來，而文宏也在母親的嚴逼下，終於說出春梅遲遲未能懷孕的原委。在家人的強力施壓下，文宏最後主動提出離婚。

性是婚姻生活的重要環節

性愛問題包括性知識、性愛觀、性愛技巧、性生活配合等，一般熱戀中的情侶或已婚夫妻，通常都只有行動沒有溝通，急於肢體上的互動，卻甚少議題交流，以致於各有想法卻不便也不知如何開口，甚至無法表達困難及負面情緒。且因為生理上的渴望、需求與激情，總是來勢洶洶，任何不對勁、不和諧也就先擱在心裡，久而久之，變成各懷鬼胎，身體是親密的，心理卻是疏離的，性關係的危機也就暗自滋長。

春梅的情況較為特別，她明知道自己不對勁卻未探討原因及治療，卻將前男友的分手歸因於好色劈腿。至於新男友，她則一再拖延，想等到婚後再說，殊不知陰道痙攣之性功能障礙，帶給自己、伴侶及婚姻關係極其深遠的負面影響。

生理健康、性生活順暢度、優生學等，以目前的醫學發展都是可以做出檢測的，有病及早就醫，有心理障礙可接受諮商，同時讓伴侶雙方更瞭解彼此。身心都準備妥當再結婚，好的開始，便是成功婚姻的一半。

春梅的婚姻危機是可以化解的，趁著新婚期，一起上網找資料，瞭解問題所在，再找對的醫生，若醫生確診無生理問題，必會轉介給性諮商/治療師。

要知道，性困難雖是一個人的症狀，卻需要兩個人一起去面對，當夫妻兩人有共同目標，就有新的期待，失望與挫折也會降低。同心面對，危機就有解決的可能。

新婚考驗，夫妻攜手共度

新婚不適應，愈早求助愈能改善。新婚夫妻雖已死會，未若婚前那樣有彈性，可以選擇不結婚或是將婚期延後。但是，已婚夫妻因為有戀愛基礎，理應有很高的意願及動力將戀愛期延長，除非有一方或雙方感到後悔，或有強烈的外來因素干預（如婆婆、工作、舊情人等），就會影響夫妻情感，削弱彼此調適婚姻生活的意願，如此惡性循環，結婚就真的成了戀愛的墳墓。

結婚當然不是戀愛的墳墓，但戀愛與結婚真的是兩回事，如何將戀愛延長並在婚姻關係中長久維持，的確是難事。戀愛是感覺，也是生活，只是戀愛較單純，幾乎可以只是兩人世界，但是婚姻生活，心境上雖然是兩人世界，還必須與日常生活中的人、事、物，有所接觸與交集。

新婚階段是適應期，浪漫與現實交會，個性原貌與生活習慣逐一呈現。這時，夫妻之間的適應、磨合，其實是細微且繁瑣的，加上不知會有哪些困難產生，都需要足夠的愛心與耐心去面對可能發生的狀況。此外，因婚姻而來的姻親、伴侶的同事朋友們，這些新人際的相處、互動，對每一對新手夫妻來說，都是大考驗，攜手共同面對，才有可能創造幸福婚姻。

25 掀起婚姻的蓋頭來

夫妻要共同生活，必先瞭解自己和伴侶的個性特質，化歧見為溝通、融差異為包容。

辣不辣，有關係

飲食是每日大事，夫妻如果一個嗜辣，一個一點辣都不敢碰，他們的互動會如何？

甲男：「我老婆不吃辣，我只好自己買辣椒醬配飯，她看到就罵，說什麼吃辣傷眼損胃，沒一樣好，還禁止我吃。我只有自己外食時才有機會吃辣吃個過癮，好慘！」

乙男：「我老婆不吃辣，做菜也絕不放辣椒，但她怕我吃不下飯，晚餐都會切一小碟生辣椒或擺上我最愛的辣椒醬。」

丙男：「我老婆天生怕辣，但她看我吃辣吃得那麼開心，每次炒菜時就先盛一半自己要吃的出來，另外一半就加重辣。她炒菜的時候還帶口罩，好好笑哦！」

光是吃辣的差異，就可看出夫妻相處的模式和伴侶的個性。甲妻為了丈夫長遠的健康著想，因此不斷說教，反對他吃辣。她卻沒想到飲食習性是很難改變的，何況從小父母又沒禁止，也可能是家傳，不吃會更饞，一有機會單獨外食，必定大快朵頤。好在週一到週五，甲男都可以隨心所欲地吃辣，所以也就相安無事，在家不吃就是了，耳根清靜，太太也高興。

乙妻自己不吃辣，但尊重先生吃辣的習慣，另外準備丈夫的專屬辣椒，各吃各的，井水不犯河水。乙男雖然吃得不過癮，但至少有吃到，有被設想、照顧到，心裡也覺得舒服。

丙妻最聰明，知道辣椒生吃與炒過的口味、香味均不同，為了尊重先生的嗜好，也希望他吃得開心，不嫌麻煩地戴上口罩，將每道菜分兩次作業，相信

她丈夫吃在嘴裡會感激在心裡。

婚姻生活，「真面目」大考驗

男女在戀愛時必有互相吸引之處，不論是外表、個性特質、共同興趣或美食偏好等，也許相似性極高或互補性較大，雙方也都在對方身上看到自己喜歡的特性，因此陷入熱戀。

結婚之後，日子一天一天過，每天總會發生一些事，不論衝突與否，都會逐漸看到對方的「真面目」，以前不知道或沒想到的特質都出現了。如果看到或印證伴侶身上擁有的正向特質，如敏感、仁慈、風趣、慷慨等，就會覺得自己沒有嫁/娶錯人；但如果發現對方原來是個神經質、多疑多愁、無安全感或自卑等負向特質的人，就會擔心或對婚姻沒信心。

人不可能沒有缺點，且身上大都具有數十種正向及負向特質，愈早發現愈好，夫妻可以運用智慧與愛心，在原有的感情基礎上磨合。所謂「近朱者赤，近墨者黑」，兩人若相處得宜，就可以將對方最好的部分發掘出來；雙方若互看不順眼，愈來愈難以相容，彼此內心邪惡的部分就會跳出來對應，婚姻也就產生危機了。

改變對方，柔性至上

王先生注重衣著，參加公司應酬或家族喜慶聚會，一定要買名牌、量身訂做，但生性節儉的太太則以樸實洋裝或簡單套裝外出，不施脂粉、不戴首飾。王先生總覺得太太寒酸，免不了批評幾句，兩人總是為此鬧得不愉快。

王妻覺得丈夫太浪費，衣服為何要穿好的貴的，而丈夫的觀念是人要衣裝，就算在家也要穿戴整齊，才能維持彼此的吸引力，在外也才會被尊重。

後來王先生發現他和太太最大的歧見在於金錢觀，這是自小到大的養成，並非吵幾次架或說個道理就可以化解，於是他想了一些對策。

由於大學同學開了家沙龍照工作室，王先生正好領一筆小獎金，為了慶祝結婚三周年，他便帶太太去照相。工作室的禮服均免費借穿，又有專人化妝，所以照出來的相片中妻子張張美麗動人，於是王先生便聯合同學一邊稱讚太太，一邊強調人要打扮，衣服不必多，但不同場合要有不同的穿著。

此外，王太太烹飪手藝不差，家裡經常有朋友來聚餐。王先生便誠懇地感激妻子辛苦做菜招待親友，經濟又美味，若上館子，可能得花上三、四倍的錢，省下來的錢正好給她添些行頭。他也一再保證絕不會亂花錢，同時承諾夫妻一起做家計預算。

人都是愛美的，王太太看到自己美美的照片絕對心動，也逐漸聽進丈夫的話，而他的承諾更令她心安。這就是夫妻之間潛移默化、互相影響的良好結果。

多看優點，少點爭吵

張先生是位大學教授，溫文儒雅、和善親切，當初被太太的大眼睛與豐滿身材所吸引，很快就陷入情網，婚後才發現問題很多。

張妻超喜歡逛街，兼職所得自己都花光光，也不想生小孩以免身材走樣。由於張先生喜歡她的做伴，總是看到她的優點比缺點多，例如從不妨礙他工作、善待他的親友，雖然貪美食，但一定與丈夫分享。此外，張太太後來不慎懷孕，在張先生的諄諄善誘下，同意將孩子生下來，且母性大發接著又生了老二。

張先生雖然對太太偶有不滿，但看到她的成長，總是疼愛她讓著她。就這樣十年過去，張太太每天塗抹打扮之際，突然擔心自己變老，開始定期做臉護膚，打玻尿酸與肉毒桿菌，甚至還接髮扮成少女模樣，並樂此不疲。雖然看起來是年輕些，但耗時費錢，家中長輩及身邊朋友看不慣，覺得這女人怎麼愈活愈「膚淺」，紛紛忠告張先生要適度制止。

寬宏大量的張先生認為妻子除了相夫教子，並無特別嗜好，把自己弄得年輕漂亮也沒什麼不好，自己雖然不太相信醫學美容，也勸過妻子，但看到她每次回來都帶著笑容，且對自己更有信心，便覺得只要她開心就好。

尊重、協調、欣賞，差異也能相容

根據婚姻研究，離婚的主因甚多，其中以「個性不合，彼此間已無愛情」為首。當初戀愛而結婚的夫妻，很多都是在婚後才發現個性不合，當中也許有的是熱戀昏了頭，或急著想結婚，婚後才發覺配偶和自己想像的不一樣，彼此在婚前沒認識清楚。

然而，大部分相愛的夫妻卻是在結婚數年後，才逐漸感受到彼此的差異，有些是基本差異，有些則導致漸行漸遠。但若感情基礎良好，只要有心、互相尊重、盡量替對方設想、調整互動方式，還是可以拉近彼此距離，找回熱情。重新認識對方，以欣賞的眼光找出更多的優點，而不是嫌東嫌西地引發吵架。愈吵感情愈淡，然後歸咎於雙方個性不合，再以此為理由分手。

每個人都是獨特的，夫妻要共同生活，必先瞭解自己和伴侶的個性特質，化歧見為溝通、融差異為包容。能夠互相欣賞，多付出愛心和耐心，都是關鍵，當然，也需要時間的加持。願天下眷屬都成有情人！

26 「煮」出家庭小確幸

婚姻中需要的是新好男人，以及新好男人的自我覺察與互動。

同事們吃中飯聊天，年長的王阿姨問即將披嫁衣的美美：「妳不是說妳從沒進過廚房，那婚後吃飯怎麼辦？」

「我婆婆家就住在附近，下了班去婆家吃飯，他們歡迎都來不及。我和小康輪流洗碗善後，不就得了？」

「美美，妳真好命，我可是被婆婆訓練出來，從不會拿鍋鏟到現在三代六口都仰賴我，每天還要做四個便當。不過也習慣了，吃自己煮的安心又實惠。」

「王阿姨，您真的是走過來了，我婚後也跟自己的媽媽學做菜，但是我既沒烹飪細胞，也不感興趣，老公看我煮得那麼痛苦又難吃，也死心了。我們現在都買現成的回家吃，頂多煮個湯，反正小寶是在保母家吃飽後才帶回來。」結婚三年的曉華接腔。

「我不喜歡做家事，但對烹飪還算感興趣，週末全家去大賣場採買生鮮食材，回家後，老公小孩幫忙洗菜切肉，我則洗手作羹湯，他們都說我有天分。而且我會把一周的葷菜都做好，分好分量放在冰箱，每天晚餐只要炒個青菜或是做個涼拌菜就好了。」曉華鄰座的依依也發表心得。

最年長的李阿姨這時開口：「在臺灣，大餐廳小吃店林立，便當店也不少，吃東西真的太方便了，但是天天吃外食也不是辦法，尤其現在黑心澱粉噁心油一大堆，加工食品對人體也不好。婚姻生活是一輩子的事，婆婆再好也會老去，美美啊，妳跟先生還是得學一些基本烹調手藝，在家自己煮，以後孩子出生，也盡量在家裡做飯，乾淨衛生又營養，大家又吃得安心。」

正巧走進茶水間泡咖啡的王哥聽到大家閒聊，忍不住插話：「妳們都不知道吧，我家的晚餐都是我做的，連我和我太太中午的便當也都是我一手包辦的！」

當場大家都訝異地轉向王哥，七嘴八舌地發問。

王哥得意地說：「也不是我疼老婆啦，是我自小在媽媽身旁跟著轉，耳濡目染，有時候便自己動手，就這樣無師自通。後來媽媽生病，家裡三餐便由我張羅，慢慢就成習慣了，哪像我哥哥，就是那種茶來伸手飯來張口的大男人，哈哈！」

最後，大家的結論是王哥的老婆最幸福，嫁了一個會主中饋的好男人。

雙薪家庭多，外食蔚為潮流

男主外女主內的傳統觀念至今仍然延續著，然而雙薪家庭中的妻子平日上班忙且累，回家還要煮晚餐、照顧小孩，實在辛苦。跟婆家同住的雖然有長輩幫忙，卻也得侍奉長輩。所以，如果核心家庭中的丈夫沒有要求妻子一定要做飯，在外用餐或是買外食回家，儼然成為現代小家庭的常有現象。

上一代很多做母親的任勞任怨，也心疼子女，擔心女兒出嫁後會跟她一樣，操勞家事、總攬三餐，所以婚前總是盡量讓女兒享福，不用動手。至於兒子，就更沒必要進廚房了。

好在現在的年輕人活動多，經常以吃會友，烤肉、火鍋、包餃子或聚寶會（每人帶一樣食物）等等，小群體中總有手藝高明的，也有張口等吃的，但是耳濡目染下，多少都能學一點煮食常識。此外，大學生在外住宿，吃膩了外食，有時候也會在住處瞎摸亂搞、無師自通，學到如蛋炒飯、蛋花湯等基本烹飪技巧。倒是長期住在家裡的年輕人，依賴父母慣了，一旦結婚搬出去住，反而必須從頭學起，費時費力。

親自下廚，你儂我儂

只要夫妻同心，凡事都容易進行。自小，李哥的父母每週末都會帶他上不同館子，長大獨居時他也常下廚，因而培養出對食物的品味及烹飪興趣。他先後交了兩個女朋友，都不會燒菜，李哥會讓女友做清洗工作，自己當大廚，但是兩位女友只想在餐廳約會或買現成食物，覺得自己煮太麻煩，所以最後就分手了。直到碰見李嫂，她喜歡翻看食譜，更會按部就班學著做。兩人志趣相投，婚後生活增添許多樂趣，雙方家長也常來造訪共餐，其樂融融。

張兄以前在美國留學時就受到兩位國際室友的薰陶，學會不少歐洲菜，加上他自己懷念中國菜，也會憑記憶試著做看看，不定期以菜會友。回國後，與女友約會，大都在餐廳，直到婚後有了女兒，他開始思考改變飲食習慣。夫妻倆決定平日在家用餐，週末或是大節日才和親友一起上餐館聚聚。

此後，張兄的大廚細胞自冬眠中甦醒，平常早餐是牛奶煎蛋麥片粥，晚餐必定至少一肉一魚兩蔬菜。由於菜市場只隔住家兩條巷子，他每天採買新鮮食材，避開加工食品，且少鹽少油。張嫂也樂於負責事前準備和飯後清理。

張兄不論工作多忙多累，每天一定趕回家做飯，一家三口圍桌而食。偶爾有應酬，他就會在前一晚多做些，讓母女倆足夠享用。

幸福家庭，從開伙起步

現代社會中，婚姻裡性別角色的傳統特質，在兩性平等觀念及科技進步導致家務簡單化的趨勢下漸漸隱去，不過，卻也被新時代的婚姻價值觀弄得相當複雜，好比說，家庭勞務不再以性別來劃分，加上媒體經常大幅報導名廚/大師（如阿基師、吳寶春等）皆是男性，造成了女性在家做小事——煮飯做菜，而男性在外做大事——製作大菜或糕點，成為刻板印象，似乎又落入另一種窠臼。

人本來生而平等，卻因人為因素造成兩性不平權，雖說現代臺灣社會男女的地位漸趨平等，然而三餐溫飽是家庭生活的核心，試想，妻子在公司工作像打仗，下班後拖著疲憊的身子回到家還要大動鍋鏟，等煮好飯時已是精疲力竭，只想趕快吃完飯收拾乾淨休息，哪有心情在餐桌上與丈夫孩子互動？

婚姻中需要的是新好男人，以及新好男人的自我覺察與互動。婚前輔導也應該包括男女各自的角色認知及基本烹飪技巧。無論早餐或晚餐，夫妻都可以一起商量餐點菜色，並依當周各自的工作時間長短來分配做飯和準備便當的責任。

其實，在家做飯或是夫妻分工下廚，主要目的並非為了爭取男女平權，而是學習照顧家庭中的每一個成員（包括自己），並且成為孩子們的好模範。家事本來就是家庭生活的一部分，家人因為烹煮飯菜、家庭瑣事而有更多的互動，因圍桌吃飯而讓關係更加緊密，都是現代婚姻中的新好價值。

27 姐弟戀與老少配

如果在乎容貌、年紀、收入，甚至因人言可畏而被擊敗，就不是真正的愛情了。

古時候，傳宗接代、使家族人丁興旺是男女婚配的主要目的，加上民風保守，因此流行指腹為婚、媒妁之言或親上加親，且遵循著男尊女卑的原則，為女性挑選可以仰賴終生的良人；所以，一般而言，做丈夫的，年齡、身高、教育程度及經濟地位均比妻子高一些，此稱為「婚姻斜坡理論」，即便是在現代，這個理論仍然通用。

因此，以往的婚姻丈夫都比妻子年長，不叫做「老少配」，而是「正常配」。尤其當納妾或續弦時，更會出現男性的年齡大女性許多的情形，就是名符其實的老少配，這在大戶人家是很普遍的。另一種老少配則是女比男年長，在貧窮人家較常見。至於童養媳，則是女方自小被男方家收養，幫忙家務、增加生產力，長大後就順理成章與家裡的男孩送作堆，亦姐亦妻地過起婚姻生活，因為不是自由戀愛，也不是姐弟戀，只能稱為「姐弟配」。

姐弟戀、老少配，感情世界樣貌多

現代兩性的求學及就業機會均等，社交機會也多，自由戀愛成了風氣，年齡相同的伴侶到處可見。雖說如此，做父母的當子女到了適婚年紀時，傳統的心態自然浮現，總希望兒子娶比他年輕的女性，而女兒不要嫁給比她小的男性，加上媒體對藝人感情生活的渲染，「姐弟戀」一詞蔚為負面的流行話題，更讓社會大眾心存芥蒂。

大二學弟與系上女助教交往、公司熟齡女主管與新進年輕男職員戀愛、大三女生愛上準備大學重考的男孩、三十一歲的女心理師愛上二十七歲的醫院男實習醫師等，當前社會這些現象經常可見，尤其年輕男女只要雙方看對眼便愛得熱烈，管它年紀問題。

女比男大，到底會產生哪些問題？除了違反「婚姻斜坡理論」之外，姐弟戀有什麼不好？

很多姐弟戀的發生大都因為地緣關係，像是近水樓臺，加上雙方互有好感，愈發熟悉下而產生情愫，於是突破年齡差距的心理障礙，追求心靈契合與感覺同調。不過，他們同時也擔心別人的眼光及父母的意見，承擔著某些壓力。比如有人擔心年輕的男性是戀母情結，只想被照顧、太依賴；也憂心女性比男性老得快，以後男性可能移情別戀。很少人會以男女兩情相悅、感情互補、建立關係而想互相扶持、共同生活的正常觀點來看待他們。

其實姐弟戀的重點不在於年齡，而是彼此的交往時間點及個性特質的搭配；例如：女助教、女主管在執行工作上，切合學生、職員的需求，對方因此得到指引及關注，事情進行順利，自然銘感於心，想要主動接近，再加上漸漸熟悉，進而彼此欣賞，也就很自然地開始交往。

經不起考驗的是年紀還是社會觀感？

基本上，年齡差距不大的姐弟戀關係，是不需要太擔心的。多年前轟動臺灣的姐弟情侶：莉莉與小鄭，十八歲的小鄭在五十二歲的莉莉所開的卡拉ＯＫ店幫忙，日久生情。小鄭年輕、熱血沸騰，現實老練的莉莉很少接觸到如此單純、忠心、聽話的年輕人，也不知道是誰碰誰，一觸即發，成為公開的情侶，然後一傳十、十傳百，變成了社會大新聞，他們也親熱地接受採訪、上媒體，高姿態地雙宿雙飛。

一年後兩人關係逐漸變質，小鄭自戀愛中清醒，開始想要過自己的生活，追尋自己的人生，莉莉自然是失望且傷心。這段感情就在小鄭與父母和解，乖乖入伍服役後徹底消失。對莉莉來說，這是一場晚秋春夢；至於小鄭，不知他回首的滋味如何？無論如何，都是人生重要的經驗。

另一真實案例則有如電影情節。

三十三歲單身的英語教師與十七歲的家教男孩，因一對一的補習而相互喜歡，之後男生進了大學及服役，仍不顧父母反對，心中只有老師戀人。儘管父母多方阻撓，還到女方任教的學校告狀，在大街上指稱她是魔鬼、撒旦，兩人的戀情卻更形堅固。後來，女方積極替小男友申請國外研究所，很幸運地取得獎學金，兩人便偷偷到地方法院公證結婚，一起赴美。太太一路照顧小丈夫到讀完博士。遠離臺灣的壓力，兩人過了八年甜蜜的婚姻生活。

由於美國博士太多，工作難找，加上臺灣有一堆工作向這個男生招手，於是他選擇了國內大學的教職，夫妻一起回到臺灣。當時太太已經四十八歲，丈夫才三十二歲，正是年輕、意氣風發的人生階段，許多女大學生為之著迷，而一些單身女同事亦經常對他放電。慢慢地，太太發現丈夫「留在研究室」的時間愈來愈長，也經常在家與愛慕者講電話聊天；夫妻倆不再事事分享，太太的詢問關心成了懷疑吃醋，信任逐漸瓦解。尤其丈夫最不喜歡聽到：「姐弟戀，真了不起，長姐如母。」他開始想過自己的生活，便在學校附近租屋，而妻子知道大勢已去，也就簽了離婚同意書，好在兩人沒有小孩，此後各奔東西。

以上兩案例其實不只是姐弟戀，年齡上已經差了一個世代，根本是老少配。也許短時間互相吸引，互補也好，各取所需也行，都有一段甜蜜的時光。

案例二的老妻少夫，因為在美國，人生地不熟，彼此專注於對方，互相依賴、沒有干擾，所以能維持八年的恩愛生活。只是，回到臺灣就是現實世界，家庭與社會輿論的壓力、與外界環境互動後的自我覺醒及心理需求改變，原本甜蜜的關係在激情過後，只要有一方的感覺消失了，關係也就跟著瓦解。

不在於誰大誰小，只企盼心靈契合

A君是大學教授，A妻是古典音樂作曲家，雙方均為高知識分子，原來大家都不看好女大男七歲的婚姻，但因互相欣賞彼此的特質與優點，也傾慕對方的專長，兩人恩愛了三十年，雖然妻子的白髮與皺紋，明顯比娃娃臉的丈夫老很多，但兩人感情依舊，兒女們也從未覺得媽媽比爸爸年長。

另外，知名藝人曹啟泰當年與大他十歲左右的影星夏玲玲結婚，大家就七嘴八舌做「預測」。起初也傳了一些曹啟泰的緋聞，後來他們移民新加坡，曹啟泰則常來回臺北做節目。沒想到兩人婚姻維持了二十多年，歷久彌堅，成為佳話。

由此印證，女大男小的姐弟戀並不一定會分手，現代人吃得好、營養足，保養得不錯，誰大幾歲，從外表及體力上看差別並不大，只要彼此觀念相近，談得來且互相尊重、愛慕、陪伴及扶持，共同走人生旅程是應該被祝福的。

但年齡差上十歲、二十歲的女男老少配，往往因為生理發展、心理狀態、個人閱歷、成長背景、生活需求及人際圈的不同，加上周遭親友的壓力，各方面要能長期磨合並不容易，通常最後都是年輕的男方求去，女方處境淒涼。

根據研究，男比女大十歲以內、女比男大七歲以內的伴侶，要比男比女大十歲以上、女比男大七歲以上的婚姻，更能維持長久。其實婚姻的維持主要還是在自己，如果容易因人言可畏而被擊敗，就不是真正的愛情了。

28 相親，特殊的人際經驗

相親只是一個認識對方的機會，感情還是需要時間慢慢培養。

報載屏東迦南身心障礙養護院主任杜俊和，現年三十八歲，在美國長大，八年前取得博士學位返臺，七年前透過三家婚友社、五位專業媒人，相親不下三百次，希望能找到合意對象。

他最高紀錄曾在兩天內與八名女子見面，這才發現，原來相親也有城鄉差距。有一次，某小姐一聽他是屏東人就變臉，原來是不想嫁給鄉下人。也有女生暗示婚後必須由她掌管財務。另有一女則是直言每月開銷需要二十萬元。

好在有志者事竟成，去年底他終於找到一位價值觀相近又談得來的女孩，進而結婚，兩人還將結婚禮金全數捐給養護院，作為蓋新大樓的基金。

有緣千里來相親

相親，聽起來像是古代名詞，但在當今社會仍處處可見，用意是撮合男女姻緣，實際上也不是傳統的父母之命、媒妁之言。

只是，父母操心、費心安排兒女相親的例子，在現代電影及真實生活中仍會出現。而像杜主任這種年紀不小、事業有成且很想成家者，自然也可以透過相親的方式來尋找合意對象。何況他身處鄉下，工作、社交環境都受到限制，適合交往的對象相對稀少，加上別人可能認為他條件好眼光必高，因此不敢隨便介紹。所以，最後只好求助於婚友社專業的媒介。

很顯然，杜主任的相親是以結婚為前提，不過，他還是有著自己的堅持，也因此，再多煩人的相親都沒有撼動、更改他的信念。

從另一個角度看，「相親」其實就是提供機會。杜主任給自己三百次的機會，在每一次機會中體驗人際互動，認識女性言行或心理，也更認清愛情無法強求。就算他最後還是沒能遇上真命公主，也必然會安於天命地過單身生活而無怨言。

要找的不只是朋友

現代男女透過職場、學業、休閒或網路，互動機會很多，有人也因此而結交到合意對象，相戀而結婚，但有些人情路並不順利或因為錯過機會，等到想談戀愛結婚時，卻發現周遭的人不是年齡太小就是名花（草）有主。此時，相親成了一條可行的道路。此外，由於科技發達，太多人沉迷網路，宅男宅女暴增，皇帝不急，急死太監，身邊的人，包括父母在內，難免希望幫他們找個伴，於是相親的需求更為提高。

相親是先友後婚，大前提若在「友」而非「婚」，當事人比較能夠以平常心來把握機會，利用機會認識彼此、嘗試互動。除非真的無緣，一見面就不對頭，或者一方拿翹，當然就不會有下一次見面的機會了。否則心平氣和地交談、品嚐美食，享受當下的相處，也是很特別的人際經驗。

一次的會面並不準，一而再地互動、相處，絕對不是浪費時間與金錢；其次，男女朋友做不成，也可以做普通朋友，最重要的是，透過多次的互動，彼此有了初步的認識，大概瞭解對方是什麼樣的人，雖然不適合自己，也許適合

身邊的朋友，順便幫他們拉線，也是功德無量啊！來看以下這個案例。

二十八歲的美美在婚友社與三十歲的王君見面，才五分鐘，王君就把話講完而不知再說什麼，美美只好不斷發問，降低尷尬。好在王君有問必答，雖是簡短卻也有內容。就在講到他的嗜好——周末去關渡賞鳥及拍攝鳥的生態照片時，突然口齒流利、眼睛發亮。她才瞭解，原來這個傢伙是個鳥癡。她突然想到離婚兩年的表姐，非常喜歡小動物，也養過鳥，或許可以讓他們見個面。

於是美美主動邀約兩人見面。果然，表姐與王君很有話聊，只是王君家庭保守，反對他與離過婚的女性交往。婚嫁雖未成，表姐卻因王君而加入賞鳥協會，成為好友，也因此認識協會一喪偶成員，最後結為連理。

能促成這樁婚姻，都要歸功於美美沒有嫌棄王君的木訥與害羞，肯用心去認識他。她的心思不是「我怎麼這麼倒楣，碰到這塊木頭」，而是「凡人必有優點，此人不適合我，也許我周遭有適合他的人」。這種「我丟她撿」的哲學，其實可以在婚戀市場好好推廣。

再看另一個案例。擔任總經理秘書的惠惠追求者眾，生活中認識的都是生意人，但她想交往文教界的男士，因此參加婚友社，並說出自己的交友期待。果不其然，不久後被安排與一位現任講師的博士班候選人李君見面。李君自我介紹時，將自小到大的學歷背誦出來，都是好學校且成績卓越，然後就大談他的博士論文，完全沒有注意惠惠是否有興趣聽或是想要透過交談多瞭解她。

惠惠內心感嘆此人太單純太自戀，只希望自己被接受被認同，完全沒有人際交往技巧。但看他長相不錯，頭腦也聰明，應該有藥可救，於是等他說夠了之後，反問他對她的瞭解和想知道些什麼。他才猛然驚覺自己說太多了。惠惠溫和地稱讚他的好處，但也明確指出為什麼他「相親」九次卻還交不到女友，主要是他不懂得生活，而生活就是由許多瑣事經驗而來。男女交往就是要互動、傾聽、瞭解，並共同分享生活中的大小事，才能確知是否合得來。

李君並未惱怒，還感謝惠惠說實話，表示以前相親的女孩有的沒反應，有的說要再聯絡就都沒消息了。惠惠很高興自己說話生效，便留電話給他，表明願做普通朋友，也願意擔任軍師，祝他早日交到女朋友。後來他倆居然真正建立了純友誼，連事業上也互相協助。

把姻緣轉送出去，成就美事

相親如果抱持一相就中，立刻結婚的心態，通常都會遭遇挫折，畢竟相親只是一個認識對方的機會，感情還是需要時間慢慢培養。因此，尋找對象的人，不論是年輕或年長、一度單身或二度單身，相親的心態要正確：

1. 大方告知親友同事：請親友提供相親機會不需害羞，大方說出來，人家才更有誠意幫忙。

2. 相親時不卑不亢：不要覺得自己配不上對方，但也不要故意挑剔。每個人都有優缺點，但看合適與否。

3. 相親不成，雖失望但不挫折：見面就是一種緣分，謙和以待，能做朋友或永不再見都沒關係，彼此尊重最要緊。

4. 感情可遇不可求：若第一印象良好則可以再約見面，就能確定是單純當朋友還是具發展可能。

相親是一種人際經驗，也是先友後婚的管道，別人助我，我也助人，在現代忙碌的社會是值得推廣的。

29 婚前輔導，情長路更長

婚姻與家庭的健全乃是社會穩固的基礎，婚前教育在現今高離婚率的社會，尤顯重要。

相愛不必然能夠相守

大明和美美是在教會中認識的。美美聰明能幹，也跟一般女孩一樣，想要成家、養育小孩，因此以結婚為前提與大明交往，並且常表露出對婚姻及家庭的期待。

大明是虔誠的教徒，舉凡教會活動必定參加，閒暇時更擔任志工四處傳道。對此，美美經常抱怨大明陪伴的時間太少、兩人獨處機會不夠，偶爾會鬧脾氣，但大明總是耐著性子安撫。

兩人交往五年後，雙方親友都認為他們應該結婚了，由於教會牧師宣導婚前輔導，於是他們便去婚姻與家庭協談中心，接受施測及婚前輔導。出乎意料之外，施測結果顯示雙方溝通不明確，缺乏化解衝突的能力。此外，兩人對婚姻的期待也不盡相同，美美注重個人享受及物質生活，大明卻想多生幾個孩子。

經過一個月的輔導與諮商，大明與美美對彼此都有了更深的認識，對婚姻也開始產生現實感。因感受到兩人個性及價值觀差異大，大明乃提議暫緩婚期，而美美雖然理智上知道雙方應該保持交往、展開溝通，但是情緒上卻是百般不情願，她堅持如期結婚否則分手。大明為難地表示需要考慮，但美美等了五天未獲回音，便立刻片面告知分手。

美美的舉動讓大明更清楚明白到婚姻是終生大事，不容半點遲疑。他雖然傷心，但理智地接受分手，同時離開兩人一起做禮拜的教會。

七個月後，美美收到大明的結婚喜帖。多方打聽下得知，新娘莉莉是大明經常光顧的餐廳領班，在大明的傳道下信了主，兩人交往半年後決定結婚。

美美心裡一陣酸，卻懷疑這對新人是否有去做婚前輔導。難道他們就能通過測驗，適合結婚且能白頭偕老？另外，美美也很氣大明如此快速地「見異思遷」，還遷怒「婚前輔導」，認為它是破壞她婚姻的罪魁禍首。

其實，「婚前輔導」對大明是一記當頭棒喝。美美固然是好女孩，但在兩人互動過程中，大明總覺得不自在，透過「婚前輔導」才體認到原來兩人不適合。直到與莉莉交往，他才找到自我。他也和莉莉討論到他在「婚前輔導」晤談中學到的許多觀念，藉此兩人有了更深的交流和溝通，確認彼此是真心想要共同生活，乃決定攜手走上紅毯。

讓彼此能有更深入認識和過濾的機會

加州是美國離婚率最高的一州，一九八六年加州的莫德斯托市有鑑於婚姻問題日益嚴重，當地所有教會的牧師乃一致通過：未婚男女必須接受婚前準備的諮詢或課程，才能在教堂結婚。五年後，這城市的離婚率降低了四〇%。

臺灣內政部於二〇〇三年的統計報告顯示，臺灣的離婚率已高居全球第三。平均每天有一百六十八對夫妻分手；到了二〇一三年，臺灣平均每小時就有六對夫妻離婚。

高離婚率所衍生的家庭、社會問題，十分值得重視。家為國本，本固邦寧。婚姻與家庭的健全乃是社會穩固的基礎。為此，立法院曾經於二〇〇三年通過「家庭教育法」，其中規範未婚男女必須接受至少四小時的婚前教育（屬鼓勵性質，既不強迫亦無罰則）。無奈空有法規，卻缺少推廣與執行。

另外，國內領有證照的諮商心理師已逾千人，真正能做婚姻諮商的專業助人工作者畢竟不多，且所費不貲的晤談費用或課程學費，亦成為年輕男女接受輔導的一大阻力。

還好，目前國內一些公立醫院家醫科提供了婚前健康檢查，並開設相關課程，專注於婚前瞭解/婚後成長，鼓勵情侶免費參加。另外，不少基督徒協談中心更是廣為宣傳婚前輔導，並提供免費晤談服務。其重點包括：

1. 探討兩人關係中的長處與有待成長的地方。
2. 學習實用的溝通技巧，包括明確表達與積極傾聽。

3. 學習衝突解決技巧，以化解爭執與衝突。
4. 探討情侶/夫妻之關係，以及雙方原生家庭。
5. 擬訂財務管理與預算練習。
6. 訂定各自、共同的家庭目標。

在瞭解與許諾中，幸福啟航

交往兩年後，文淇向女友玲玲求婚。但玲玲覺得自己還沒準備好，還想多享受幾年單身生活。她雖然知道文淇敬業又上進，對她的感情也很專注，兩人結婚是遲早的事，只是有幾件事總讓她覺得不踏實，卻又不知該如何與文淇溝通或處理。

原來，文淇和母親是孤母獨子，一直以來，文淇事母至孝，每個月的薪水都原封不動交給母親，自己只留一萬元零用。另外，母子兩人極少與親戚互動，相對於玲玲生長的大家庭，親戚間密切往來，有很大的差異。對此，文淇表示，親戚間的互動不需多，能避則避，他希望和玲玲的親友保持距離。讓玲

玲最擔心的是，婚後必須跟婆婆同住，雖然文淇一再保證他可以處理得很好，不會讓婆媳有誤解或衝突。猶豫再三，最後玲玲鼓起勇氣，要求文淇一起去做婚前輔導／諮商。

四次的晤談中，諮商師帶領他倆討論了伴侶關係中的十五項重要議題，包括：個人理想化程度、婚姻期待、個性問題、分享溝通、衝突解決、財務管理、休閒活動、性愛期待、子女教養、代間關係、親友關係、角色轉換、宗教信仰、健康議題、原生家庭。

透過這樣的過程，文淇發現自己需要面對的議題是「個人理想化程度」、「財務管理」、「代間關係」、「親友關係」，而玲玲則是「個性問題」、「代間關係」及「角色轉換」。另外，兩人需共同處理的議題是「分享溝通」、「財務管理」、「親友關係」、「代間關係」和「性愛期待」。雙方決定再交往一年才結婚。

而這段時間，文淇必須學習與母親在心理、財務、情緒上分化出來。文淇和玲玲則取得共識，以三年後換大一點的房子為前提，婚後先與婆婆同住在目前兩房一廳的小公寓。文淇也會試著與玲玲的親友們互動。

其實，兩人花最長時間晤談的議題是「性愛期待」。雖然兩人婚前已有親密關係，卻從未討論過這個議題，也不知彼此到底在想什麼、懂多少。直到進行婚前諮商後才知道，原來做愛也可以學習，並在學習中成長及享受。

婚前教育包括施測、婚前輔導及教育課程，再加上健康檢查，遇到任何疑問或問題，就可以藉著關係基礎與愛的力量，兩人同心，及早處理，然後帶著親友們的祝福，安心放心地走上紅毯，開始人生的另一個新啟航。

30 離婚好還是不離好？

在許多案例中，離婚對父母似乎是最好的結果，但對孩子而言，絕對不是最好的結果。

孩子們寧可選擇一個不幸福的家庭，而不要分裂的家庭

茱蒂．沃勒斯坦是美國知名的心理學家，她一生大聲疾呼離婚對孩子的長遠不良影響，認為他們的痛苦會持續至成長期。此說引發了全國性的爭論，持續數十年之久，至今無定論。她在一九七六年曾告訴紐約時報，「我不想說不要離婚，但我認為孩子們可能寧可選擇一個不幸福的家庭，而不要分裂的家庭。」當然，很多怨偶不喜歡聽到這樣的評論。

一九九四年她在紐約長島的新聞日報發言，「在許多案例中，離婚對父母

似乎是最好的結果，但對孩子而言，絕對不是最好的結果。離婚會造成真正的道德問題。」她在二〇〇〇年亦對紐約時報說過，「多少年來我們一直在告訴父母，離婚對孩子們是很困難的事，但時候到了，他們會適應的。我們並不知道其影響是如此驚人的深遠，且它會成為年輕成人尋求愛的一個因素。」

一九七〇年時一群幼教老師請教梅林郡的心理學家茱蒂·沃勒斯坦如何去處理許許多多孩子的問題，他們睡不著、經常哭泣，或者對玩伴爆粗口及動手。老師們皆認為是來自父母離婚。沃勒斯坦到處尋找此議題的相關研究，找不到有用的資料，乃決定自己做研究。

她啟動一個為時二十五年的研究，探討梅林郡六十個離婚家庭中的一百三十一個小孩，每五年做一次深度訪談。本來以為孩子們的困難很快就會消失，但研究發現，一百三十一個小孩中有半數並未因歲月流逝而療癒傷痛，倒是傷口越來越大，出現了「擔心、低成就、自我貶抑及有時候成為心懷憤怒的年輕男女」，且他們在浪漫關係方面也必然常陷於掙扎忍受之中。

這些來自離婚家庭的年輕男女在形成親密關係方面較一般男女有困難，只有四〇%最後結婚了，是一般民眾的半數比例。而那些結了婚的男女較結婚時還是來自完整家庭的男女更有可能會離婚。

倘若父母能夠嚥下他們的痛苦，應該為了孩子守在一起

茱蒂．沃勒斯坦於一九二一年誕生於紐約市，小時候經歷了一個重大創傷。父親原是猶太社區中心的主任，後來死於癌症。當時八歲的她並不瞭解癌症的嚴重性以及它對父親的致命性，因此她內心一直否認父親已經離她而去。此痛苦的記憶提升了她對於親子之間連結的覺察，且後來她也在其研究的受試者中看到不少人與她有同樣的情形。

因此她於一九九七年告訴巴爾的摩太陽報，「你可以自我的研究中看出我身為孩子時所忍受的痛苦，還有母親費盡心力處理我的狀況。我知道一個完整家庭的重要性以及父親存在的重要性。」

由於母親擔任英文教師，沃勒斯坦少女時期在以色列特拉維夫渡過，後來回到紐約市，大學就讀於杭特學院，然後於哥倫比亞大學獲得社工碩士學位。

因為對心理學有高度興趣，她先在堪薩斯州的托貝卡精神分析學院（Topeka institute of Psychoanalysis）受訓，也因這項訓練，她結識了同為學員的羅伯·沃勒斯坦，相繼而結婚。而她先生後來任教於加州大學舊金山校區並擔任系主任，直至退休。婚後茱蒂進入瑞典的朗德大學（Lund University）攻讀心理學，獲得博士學位。

茱蒂於一九六六年至一九九一年任教於加州大學柏克萊校區，著作等身，聲名遠播，同時亦受聘於耶路撒冷的希伯來大學（Hebrew University）以及伊朗巴拉維大學醫學院（Pahlavi University）。專注於離婚子女的研究，她有六十至七十篇論文刊登於心理學及法律期刊，也出版過五本書，其中最暢銷的三本如下：《第二個機會：離婚十年後的男人、女人及孩子們》（一九八九）、《離婚的意外獲得》（二〇〇〇）、《小孩怎麼辦？離婚前、中、後的養育孩子之道》（二〇〇三），其中有幾本書是與紐約時報文章撰寫人珊德拉·布蕾斯莉合著，也因布蕾斯莉的力捧，茱蒂曾上過無數次電視節目、雜誌封面，也上過知名節目「歐普拉秀」好幾次。二〇〇〇年時還被邀請去向美國五十州的資深法官演講，這是難得的殊榮。

沃勒斯坦自她的研究結果得到一個結論：倘若父母能夠嚥下他們的痛苦，他們應該為了孩子守在一起。此言論一出，爭議四起。家庭價值擁護者紛紛支持沃勒斯坦的研究，然而貶低者找出許多理由加以批評。

許多批評者認為她的樣本太小，缺乏用來比較的控制組，且所找的受試家庭早在離婚前就已產生心理問題了。女性主義者更是反對沃勒斯坦的主張，指控她令女性因擔心會有罪惡感而留守於毀滅性的婚姻中。後來其他的家庭問題專家做了更大型及更多的研究，也都支持沃勒斯坦的一切發現，攻破貶低者評論，然而還是有人堅持，認為她誇大了離婚帶來的傷害程度。

父母離婚的影響有時候延遲而出現在年輕的成人身上

其實沃勒斯坦展開研究的時間是很有利的，一九七〇年加州成為美國第一個執行無過錯離婚（no-fault divorce）的州，而其他州也急速跟進。離婚率也就開始高升，許多怨偶紛紛分手，各自尋找新人生。當時有一個盛傳的假設，就是他們的孩子會克服父母離婚的痛苦，而且事實上，父母分手總比孩子們天天生活於爸媽吵架、打鬥、冷戰或任何其他形式的悲慘狀況之中會好得多。

多年下來，沃勒斯坦的言論已開始軟化，在她一九八九年的著作中提到，「當被問及為了小孩，父母是否應該留在婚姻中，我必須說，當然不應該。」她認為父母經常公然吵架或起衝突，其實是比離婚對小孩更具殺傷力。此外，她還說，「經過深思熟慮且有現實考量的離婚，能夠教導孩子們如何以同情、智慧及合宜行動來面對嚴肅的生活問題。」她似乎經常掙扎於自己的訊息以及其潛在的餘波之中。

在一九九〇年代，茱蒂發現二十年來鑽研於婚姻失敗的影響令她相當沮喪，她乃決定研究銅板的另一面，也就是婚姻的正向面，於一九九五年與布蕾斯莉合寫了《良好婚姻：如何及為何愛情能持久》。二〇〇〇年時她在公共電視（PBS）上曾說，「我很難相信，四十五%的婚姻是如此的糟糕，以致於他們真的需要離婚，而這就是我們國家正在發生之事。」同年年底，她接受紐約時報訪問時說，當女性告訴她，由於她的發現，她們決定不離開丈夫了時，

「老天爺，又有一個婚姻獲救了，但我並不認為那是好事，或許它本身是一個錯誤的婚姻。」

她也贊成定期重新評估及調整監護權的安排，以確保它能符合孩子們的需求，而非父母的方便，一直到孩子長大成年為止。

沃勒斯坦於二〇一二年六月病逝於加州，享年九十歲。她的一生都在關心離婚家庭的子女，時代雜誌曾稱她為「反對離婚教母」，約翰霍普金斯大學社會學家安德魯查林推崇沃勒斯坦，宣稱「她最大的貢獻就是顯示離婚的影響有時候會延遲而出現在年輕的成人身上。她的研究至今仍是有影響力的，人們不是引用它，就是爭論或反對它。」

智慧系列08

牽伴不牽絆——幸福一生的30個關鍵策略

金塊文化

作　　者：林蕙瑛
發 行 人：王志強
總 編 輯：余素珠
美術編輯：JOHN平面設計工作室

出 版 社：金塊文化事業有限公司
地　　址：新北市新莊區立信三街35巷2號12樓
電　　話：02-2276-8940
傳　　真：02-2276-3425
E-mail：nuggetsculture@yahoo.com.tw

匯款銀行：上海商業銀行 新莊分行（總行代號 011）
匯款帳號：25102000028053
戶　　名：金塊文化事業有限公司

總 經 銷：商流文化事業有限公司
電　　話：02-5579-9575
印　　刷：大亞彩色印刷
初版一刷：2015年4月
定　　價：新台幣250元

ISBN：978-986-91583-1-2（平裝）
如有缺頁或破損，請寄回更換

團體訂購另有優待，請電洽或傳真

國家圖書館出版品預行編目資料

牽伴不牽絆：幸福一生的30個關鍵策略 / 林蕙瑛作.
-- 初版. -- 新北市：金塊文化, 2015.04
面；　公分. -- (智慧系列；8)
ISBN 978-986-91583-1-2(平裝)
1.婚姻 2.兩性關係
544.3　　　104004320

金塊文化

金塊文化